EL AMOR MÉDICO

Copyright © 2008 BiblioBazaar
All rights reserved

Original copyright: 1635

Tirso de Molina

EL AMOR MÉDICO

EL AMOR MÉDICO

PERSONAJES

DOÑA JERÓNIMA.
DON GASPAR.
DON GONZALO.
DOÑA ESTEFANÍA.
DON RODRIGO.
EL REY DON MANUEL.
DON ÍÑIGO.
DON MART^ÍN.
TELLO, *criado.*
QUITERIA, *criada.*
DELGADO.
MACHADO.
UN PAJE.
Acompañamiento.

[La escena es en Sevilla y en Coimbra.]

ACTO I

[Escena I]

[Sala en casa de DON GONZALO, en Sevilla.]

(Salen DOÑA JERÓNIMA y QUITERIA.)

DOÑA JERÓNIMA
¿Hay huésped más descortés?
¡Un mes en casa al regalo
y mesa de don Gonzalo,
y sin saber en un mes
qué mujer en ella habita,
o si lo sabe, que es llano,
blasonar de cortesano
y no hacerme una visita!
¡Jesús, Quiteria! Grosero
es, aunque vuelvas por él.

QUITERIA
Yo en lo que he notado dél,
perfeto le considero:
　la persona, un pino de oro;
una alma en cualquiera acción;
de alegre conversación,
guardando en ella el decoro
　que debe a su calidad;
en lo curioso, un armiño;
mas no afectando el aliño

	que afemina nuestra edad;
	   mozo, lo que es suficiente
	para prendar hermosuras;
	mas no para travesuras
	de edad, por poca, imprudente.
	   Júzgole yo de treinta años.

DOÑA JERÓNIMA	Pinta en él la perfección, que el conde de Castellón en su cortesano.

QUITERIA	Extraños
	   humores en ti ha causado
	ese enojo que condeno:
	ya no tendrá nada bueno
	porque no te ha visitado.
	   Si ignora que en casa hay dama,
	¿qué le culpas?

DOÑA JERÓNIMA	No lo creas;
	que aunque abonarle deseas,
	un mes de mesa y de cama
	   en casa, viendo criadas,
	escuderos, coche y silla
	-si no es que se usa en Castilla
	en las más autorizadas
	   servirse los caballeros
	de dueñas y de doncellas-,
	sacado habrá ya por ellas
	quién vive aquí.

QUITERIA	Forasteros más tratan de su negocio, que de tantas menudencias.
DOÑA JERÓNIMA	¡Qué alegas de impertinencias! La curiosidad es ocio de obligación en discretos; que nunca están los cuidados en ellos tan ocupados que perjudiquen respetos

        hijos de la cortesía,
y más en casas extrañas.
Porque veas que te engañas,
anoche a la celosía
        del patio le vi bajar;
y para que no tuviese
disculpas, porque me oyese,
dije en voz alta: «Aguilar,
        ¿dónde dejáis a mi hermano?»
Y respondióme: «Señora,
iba a la Alameda agora.»
Entonces él, cortesano,
        quitó a la reja el sombrero,
sin extrañar el oírme.
¿Osarás ahora decirme
que no peca de grosero
        quien, sin hacer novedad
de escuchar que en casa había
hermana, la suponía?

QUITERIA   Culpa la severidad
de tu hermano. Mas ¿pasó
sin hablarte?

DOÑA JERÓNIMA   Hizo un pequeño
comedimiento, y risueño
en la otra cuadra se entró.

QUITERIA   Es tan negro circunspeto
mi señor, que habrá mostrado
en que no te vea, cuidado,
y don Gaspar, tan discreto,
        que le adivinará el gusto.
¿Mas que nunca en él te habló
después que está en casa?

DOÑA JERÓNIMA   No;
que corno muestra disgusto
        porque no me determino
en admitir persuasiones

                        casamenteras, pasiones
                        de hermano a que no me inclino,
                            le ocasionan a no hablarme
                        dos meses ha.

QUITERIA   No me espanto;
                        haste embebecido tanto
                        en latines, que a cansarme
                            llego yo, sin que me importe,
                        cuanto y más quien se encargó
                        de ti desde que murió
                        tu padre.

DOÑA JERÓNIMA   Yo sigo el norte
                            de mi inclinación, ¿qué quieres?
                        Mi señor se recreaba
                        de oírme, cuando estudiaba.
                        ¿Siempre han de estar las mujeres
                            sin pasar la raya estrecha
                        de la aguja y la almohadilla?
                        Celebre alguna Sevilla,
                        que en las ciencias aprovecha.
                            De ordinario los vasallos
                        suelen imitar su rey
                        en las costumbres y ley;
                        si da en armas y en caballos,
                            soldados y caballeros
                        son el sabio y ignorante,
                        enamorados si amante,
                        si ambicioso, lisonjeros.
                            Dicen que en Indias hay gente
                        que porque a un cacique vieron
                        sin un diente, todos dieron
                        luego en sacarse otro diente.
                            La reina Doña Isabel,
                        que a tanta hazaña dió fin,
                        empieza a estudiar latín,
                        y es su preceptora en él
                            otra que por peregrina

	no hay ingenio que no asombre,
	tanto que olvidan su nombre
	y la llaman *la Latina*.
	Por esto quiero imitalla.
QUITERIA	Haces bien; mas dese modo,
	procura imitarla en todo,
	por mujer y por vasalla:
	cásate, pues se casó.
DOÑA JERÓNIMA	Dame tú un rey Don Fernando
	que, a Castilla gobernando,
	me deje estudiar, que yo
	haré mis dichas iguales.
	El matrimonio es Argel,
	la mujer cautiva en él;
	las artes son liberales
	porque hacen que libre viva
	a quien en ellas se emplea:
	¿Cómo querrás tú que sea
	a un tiempo libre y cautiva?
QUITERIA	Yo no te sé responder,
	porque no sé argumentar;
	pero, ¿por qué ha de estudiar
	medicina una mujer?
DOÑA JERÓNIMA	Porque estimo la salud,
	que anda en poder de ignorantes.
	¿Piensas tú que seda y guantes
	de curar tienen virtud?
	Engáñaste si lo piensas;
	desvelos y naturales
	son las partes principales,
	que con vigilias inmensas
	hacen al médico sabio.
	Por ver si a mi patria puedo
	aprovechar, contra el miedo
	que a la salud hace agravio.
	¿No es lástima que examinen

	a un albéitar herrador,
	un peraile, a un tundidor,
	y que antes que determinen
	que pratique su ejercicio
	aprueben su suficiencia;
	y la medicina, ciencia
	que no tiene por oficio
	menos que el dar o quitar
	la vida, que tanto importa,
	con una asistencia corta
	de escuelas, un platicar
	dos años, a la gualdrapa
	de un dotor en ella experto
	porque más hombres ha muerto,
	prolijo de barba y capa,
	en habiendo para mula,
	luego quede graduado,
	antes de ser licenciado,
	de dotor? Quien no regula
	estos peligros, ¿no es necio?
QUITERIA	Cuanto a esa parte, estoy bien con lo que dices.
DOÑA JERÓNIMA	¡Que den joya que no tiene precio, ni se puede restaurar, a un bárbaro desa suerte!
QUITERIA	Y aun no dan de balde muerte; que se la hemos de pagar.
	Diz que en Madrid enseñaba
	cierto verdugo su oficio
	no sé a qué aprendiz novicio,
	y viendo que no acertaba,
	puesto sobre un espantajo
	de paja, aquellas acciones
	infames de sus liciones,
	le echó la escalera abajo,
	diciéndole: «Andad, señor,

| | y pues estáis desahuciado
para oficio de hombre honrado,
estudiad para dotor.» |
|---|---|
| DOÑA JERÓNIMA | ¡Cosa extraña, que en cualquiera
arte, por poco que valga,
haya aprendiz que no salga
con ella, echándole fuera,
    y que en ésta no ha de haber
médico que desechar,
Quiteria! |
| QUITERIA | Para matar,
poca ciencia es menester.
    Tuvo un pobre una postema
(dicen que oculta en un lado),
y estaba desesperado
de ver la ignorante flema
    con que el dotor le decía:
«En no yéndoos a la mano
en beber, moríos, hermano,
porque ésa es hidropesía.»
    Ordenóle una receta,
y cuando le llegó a dar
la pluma para firmar,
la mula, que era algo inquieta,
    asentóle la herradura
(emplasto dijera yo)
en el lado, y reventó
la postema ya madura;
    con que, cesando el dolor,
dijo, mirándola abierta:
«En postemas, más acierta
la mula que su dotor.» |
| DOÑA JERÓNIMA | Pues por eso determino
irme tras el natural,
que aprenden todos tan mal,
ya que en su estudio me inclino. |

QUITERIA	Volverás por el desprecio de los médicos ansí.
DOÑA JERÓNIMA	Y por el que hizo de mí nuestro forastero necio.
QUITERIA	¿Ahí tornamos?
DOÑA JERÓNIMA	Me ha enfadado el poco caso que ha hecho de mí. ¿Sabes qué sospecho? Que le trae tan desvelado la dama que en Madrid deja, que no le dan pensamientos lugar para cumplimientos.

QUITERIA	Eso agora ya es conseja.
	    ¿Qué nos faltaba si hubiera
	correspondencias constantes?
	Ya obligaciones y guantes
	se gastan de una manera.
	    Amadises y Macías
	alambicaban celebros.
	Y habitando Beltenebros
	libros de caballerías,
	    tienen esa calidad;
	que los de ahora, si lo notas,
	en calzándose las botas,
	descalzan la voluntad.

DOÑA JERÓNIMA	Pues hagamos la experiencia.
QUITERIA	¿Cómo la habemos de hacer?
DOÑA JERÓNIMA	Vile anoche revolver papeles, sin advertencia de que acecharle podían.
QUITERIA	¿Por dónde?
DOÑA JERÓNIMA	Por el espacio de la llave.

QUITERIA ¡Qué despacio
tus desvelos te tenían!

DOÑA JERÓNIMA ¿Qué quieres? La privación
es causa del apetito;
no haberme visto es delito
que ofende mi presunción.
   Y dije entre mí: «Sepamos
quién puede este Adonis ser,
que no se nos deja ver,
temeroso de que aojamos.»
   Estaba el tal en jubón,
con calzones de tabí
de naranjado y turquí,
y con tal satisfacción
   de sí, que de cuando en cuando,
Narciso de sus despojos,
se andaba todo en sus ojos,
por sí mismo paseando.

QUITERIA Ya eso fué mucho notar.

DOÑA JERÓNIMA Si él fuera al paso discreto
que galán, yo te prometo
que llevara qué soñar,
   porque es su disposición
por gallarda, peregrina.

QUITERIA Y eso ¿está en la medicina?

DOÑA JERÓNIMA No; pero en mi inclinación.
   Advertí, pues, que leyendo
papeles, ya los doblaba,
ya otra vez los repasaba,
con los primeros riyendo,
   con los otros suspirando;
y aunque no los entendí
(que los leyó para sí),
dije: «¿Riendo y llorando?
   Aunque adivino en bosquejo,
afectos sentís de amante;

        que siempre imita al semblante
de quien se mira, el espejo.»
    No los leyó una vez sola,
antes para segundar
los mismos, despabilar
quiso la vela y matóla;
    conque le forzó a acostarse,
y a mí, riendo, a volverme
a la cama. Entretenerme
pudiera, a no desmandarse
    en mí su imaginación,
que de principios pequeños,
apadrinándola sueños,
es ya mal de corazón.
    Yo tengo celos, Quiteria,
y he de ver, pues me maltratan,
de qué estos papeles tratan.

QUITERIA
    ¡Qué bien medraste en la feria!
        ¿Dónde, pues, hemos de hallarlos?

DOÑA JERÓNIMA
Las navetas los tendrán
de aquel contador, que están
sin llaves para guardarlos.
    Salgamos dese cuidado.

QUITERIA
Vamos, porque le asegures,
y enferma, para que cures,
la ciencia que has estudiado,
    que uno y otro es frenesí.

DOÑA JERÓNIMA
En accidentes de amor,
no cura bien el dotor
que no cura para sí.

[Escena II]

[Una calle de Sevilla.]

(Salen DON GASPAR, DON GONZALO y MACHADO.)

DON GONZALO
    Yo sé que no habéis de echar,
mientras estéis en Sevilla,
menos, señor Don Gaspar,
pasatiempos de Castilla,
que ésa es río y ésta es mar.
    Mucho de Toledo cuentan,
donde Isabel y Fernando
su corte dicen que asientan.
Su Tajo arenas criando,
que fama más que oro aumentan;
    sus pancayos cigarrales,
que viéndose en sus cristales,
les sirven de apretadores
listones de eternas flores,
que visten sus pedernales.
    Palacios de Galiana;
Huerta del Rey deleitosa,
que tanta opilación sana;
bienes de la vega hermosa,
hasta en permisiones llana;
    membrillares y amacenas;
sus riberas siempre llenas
entre frutas peregrinas,
de azabache sus endrinas . . .

MACHADO
No olvides sus berenjenas.

DON GONZALO
    Sus aljibes siempre helados,
sus damas siempre discretas,
sus ingenios laureados,
ya de Apolo por poetas,

ya de Marte por soldados;
   alcázar y iglesia santa,
puentes, título imperial,
concilios, virtud que espanta,
tanta sangre principal,
tanta mitra y gente tanta;
   todo eso que es maravilla
con que blasona Castilla,
y se ilustra mi nación,
es la grandeza en borrón
de nuestra Menfis Sevilla.

DON GASPAR
   No lo habéis encarecido
mucho, corto habéis andado;
pues un mes que la he vivido,
en vuestra casa hospedado,
de su nobleza aplaudido,
   sí en alabarla me fundo,
zodíaco considero
que es del uno y otro mundo,
dividiéndose el primero
por el Betis del segundo.
   Árbitros límites da
a los dos orbes, y está
como raya su corriente
hacia esta parte de Oriente,
y del ocaso hacia allá.
   ¿Quién hay que alabarla pueda?
¡Pluguiera a Dios que el pesar
que sus deleites me veda,
supiera en ella gozar
río, alcázar y alameda!

DON GONZALO
Pues ¿qué hay de nuevo?

DON GASPAR
Este pliego
que acabo de recibir
para fin de mi sosiego.

DON GONZALO

Nunca os puedo persuadir,
por más que os conjuro y ruego,
  a que acabéis de contarme
la causa que por honrarme,
de Toledo os trujo aquí.
O no halláis caudal en mí
de amigo para fiarme
  secretos, o pagáis mal
la amistad que me debéis.

DON GASPAR

Si como os sobra el caudal,
Don Gonzalo, y conocéis
que os le correspondo igual,
  me permitiera el respeto
hablar, yo os satisfaciera.
Pero escuchad; que en efeto,
no es bien cuando amor espera
morir, que guarde secreto.
  Serví en la imperial Toledo
por inclinación a un ángel,
primer móvil de los gustos,
Argel de las libertades,
de superior jerarquía
hasta el nombre que sus padres
la dieron, que fué Micaela,
blasón suyo, a ser constante.
Halló el favor en sus ojos
entrada para burlarme;
ventas las llamó un discreto,
donde el amor caminante
tomar un refresco suele,
y si anochece, apearse,
para proseguir después
hasta el alma su viaje.
Recibiéronme dos niñas
entre risueñas y graves;
pero de niñas y en venta
quien se fía, poco sabe.
Hechizáronme amorosas,

y cuando pasé adelante,
sin alma me hallé: ¿qué mucho
que ventas y ojos engañen?
¡Qué de favores alegres
a censo echaron pesares,
que entonces tomaba a usura,
y agora aprietan! No en balde
dicen que el gusto y dinero
en príncipes y en amantes
deleitan al recibirse
y congojan al pagarse.
Seis meses corrió mi dicha
la derrota favorable
de honestas correspondencias;
pero en amores y en mares
la mudanza es el piloto,
pues cuando desembarcarme
en la playa de Himeneo
pensaba, sopló un levante
de celos, que me volvieron
al golfo, donde sin lastre,
de sufrimiento me llevan
mis desdichas a anegarme.
Fué el caso, pues, que quisieron
intereses de su madre
y un hermano, sin consulta
de mi dama, hacer alcaide
de su voluntad, ya ajena,
a un caballero que, en sangre,
hacienda, edad, discreción,
tengo, si no que envidiarle,
a lo menos que temerle:
permitidme que le alabe;
que el valor, aunque compita,
no desluce calidades.
Estaba en Valencia entonces,
y llamáronle ignorantes
de que sin su permisión
la voluntad profanase

derechos de la obediencia;
como si en fe de llamarse
dios amor, no se eximiese
de leyes universales.
Hasta entonces ignoraba
mi ingrata que apresurasen
cautiverios de por vida
diligencias tutelares;
y ansí creciendo favores,
fuera justo recelarme
de llamas, que están más cerca
de su fin, cuanto más arden.
Registradores baldíos
se ocuparon en contarles
los pasos a mis deseos;
y como el fuego no sabe
encubrirse, ni el amor,
sacaron por las señales
de mis afectos mis dichas,
¡Qué de daño envidias hacen!
No sé cuál dellos, o todos,
escribieron a Don Jaime
-así se llama mi opuesto-
las razones semejantes:
«Por mucho que apresuréis,
llamado, pasos amantes;
si elecciones se anteponen,
a casaros vendréis tarde.
Don Gaspar de Benavides
llega a tener tanta parte
en la dama que os ofrecen,
que hay quien se atreve a llamarle
usufructuario vuestro.
Si con esto juzgáis fácil
el riesgo que la honra corre...
Discreto sois; Dios os guarde.»
Iba la carta sin firma;
y como en Valencia nace
tan delicado el honor,

imitó a sus naturales,
y acreditó sus renglones,
escribiéndole a su madre
repudios y menosprecios:
con celos no es cortés nadie.
Metió en el pliego el papel
recibido, y fué bastante
en su madre a concluir
con su vida sus pesares.
Estaba el hermano ausente,
y mi dama, que eclipsarse
sintió el sol de su opinión,
se persuadió (no os espante,
que fué la sospecha urgente)
a que yo, por estorbarle
ejecuciones violentas
tan a riesgo de matarme,
aquella carta había escrito;
y airada de que quedase
por mí su fama dudosa,
y su amor por inconstante,
favores trocó en desdenes,
desprecios vi por donaires,
rigor por correspondencias,
por premios severidades.
No admitió satisfacciones,
ni bastaron a abonarme
juramentos inocentes;
pero ¿quién habrá que amanse
enojos en la mujer,
que atropella por vengarse,
cuando aborrece de veras,
respetos y calidades?
Notificóme retiros,
a mis disculpas diamante,
a mis diligencias bronce,
a mis sentimientos áspid;
y dando cuenta de todo
a su hermano, provocarle

pudo a venganzas de honor:
¡ved de un yerro los que nacen!
Yo, que desvelado siempre,
registraba enemistades,
para averiguar por ellas
quién fué el autor de mi ultraje
y aquella carta sin firma,
una vez que por el margen
del Tajo, en estos discursos
consultaba sus cristales,
vi conversando junto a ellos
dos déstos que en las ciudades,
sanguijuelas de las honras,
sin espadas sacan sangre;
censura de las doncellas,
sátira de los linajes,
zoilos de los ausentes,
de los ingenios vejamen;
déstos, en fin, que mirones
en los templos y en las calles,
porque todo lo malician
dicen que todo lo saben.
Despreciábanlos los cuerdos,
temíanlos los cobardes;
pero entre todos yo sólo
gusté singularizarme,
opuesto suyo, de suerte
que hallaron en mi semblante
con letras de menosprecio
escritas sus libertades.
A esta causa siempre tuve,
si no infalibles, probables
sospechas de que por ellos
renunció su amor Don Jaime.
Lleguélos a hablar entonces,
y para certificarme
de todo punto, troqué,
cauteloso conversable,
sospechas en certidumbres;

porque empezando a tratarse
varios géneros de cosas,
unas de risas, otras graves,
los enlacé en mi suceso,
deletreando en las señales
de su inquieta turbación
mis recelos sus verdades.
Entonces, ya la irascible
predominando en la sangre,
les dije: «No es bien nacido,
ni de hombre puede preciarse,
quien con la lengua o la pluma,
cuando escriba o cuando hable,
desmintiéndose en aquélla,
firmar en ésta no sabe.
Carta sin firma es libelo
que contra sí mismo hace
quien no osa poner su nombre,
por confesar que es infame.
El apellido es blasón
que califica linajes,
que diferencia sujetos,
que autoriza antigüedades,
quien le oculta es porque teme
que por él a luz no saque
sambenitos del honor
la bajeza de sus padres.
Si es infamia el desdecirse,
¿no es desdecirse el quitarle
a una carta autor y firma'?
Dígalo el más ignorante.
Claro está que receloso
de que tienen que forzarle
a desmentirse a sí mismo,
y confesar falsedades,
lo mismo que escribe niega,
y que en su contrario añade
circunstancias de valor
en todos los tribunales.

Infarnes, pues, por escrito,
hombres sin nombres, cobardes
que os menospreciáis del ser
que tenéis, pues le ocultastes,
lo que no firmaron plumas,
firme el acero, y no manchen
espejos de honor honestos
cartas que sin firma salen.»
Dije, y sacando el estoque
con la razón de mi parte,
ella y yo, dos contra dos,
partimos el sol iguales.
Di muerte al uno, herí al otro,
y huyendo severidades
de Fernando -que castiga,
si premia-en los cigarrales,
guarnición de aquellas peñas,
uno hallé donde ampararme,
y dentro dél un amigo,
que para que me ausentase,
medió un caballo de monte,
un criado y liberales
socorros que en el camino
vencieron dificultades.
Llegué a vuestra casa, en fin,
en cuyo noble hospedaje
pudiera templar desprecios
de quien gusta de olvidarme;
mas cartas despertadoras
quiere mi amor que dilaten
penas, que en ésta me dicen
que las dé por incurables.
Ya se ha casado, en efeto,
mi ingrata, porque Don Jaime,
averiguando mentiras,
y confirmando amistades,
llegó a lograr diligencias
de su hermano, que obligarle
pudieron, para mi muerte,

a ofenderme y a casarse.
Escríbenme que han pedido
requisitoria las partes
contrarias para prenderme,
y será fuerza pasarme
a Portugal, cuyo rey
gente alista que se embarque
al Oriente, en cuyo extremo
son sus quinas formidables.
Generoso es; cuando sepa
quién soy, y para abonarme
lleguen cartas de la corte
que me prometen sus grandes,
apacible a mis deseos,
no dudo que me despache
en esta armada a la India,
donde piélagos de mares.
en medio, aneguen memorias,
y militando restauren,
contra amorosas tragedias,
mi fama dichas de Marte.

DON GONZALO   Agora que por extenso
sé la historia que a pedazos
me contábades, los brazos
os doy, pues echando a censo
    obligaciones de amigo,
por tal quedo confirmado,
habiéndoos de mí fiado:
que yo, Don Gaspar, me Obligo
    de quien en la adversidad
se llega a favorecer
de mi casa, por tener
certeza de mi amistad.
    No os aconsejo el viaje
que al Oriente disponéis;
Indias más cerca tenéis,
y en más seguro paraje.
    Díó patrimonio Colón

                de un Nuevo Mundo a Castilla,
                nueva grandeza a Sevilla,
                nueva fama a su nación.
                   El gobierno de la Habana
                espero con brevedad:
                ya que os embarquéis, gozad
                entre gente castellana
                preñeces de plata pura;
                pues sabéis que Portugal
                siempre se ha llevado mal
                con Castilla.

DON GASPAR   Ya asegura
                Don Manuel, que reina en él,
                paces que eternizar pueda,
                pues nuestros reinos hereda.

DON GONZALO   Princesa es Doña Isabel,
                   su esposa, desta corona,
                muerto el príncipe Don Juan,
                y ya jurados están;
                mas lo que el tiempo ocasiona,
                   no asegura la mudanza.
                Considerad lo que os digo,
                y si os embarcáis conmigo,
                prometed a la esperanza
                   de mi parte todo aquello
                en que os pudiere servir.

[Escena III]

[Sale TELLO. DON GASPAR, DON GONZALO y
MACHADO.]

TELLO   Ríndase a Guadalquivir
                Tajo y revés.

DON GASPAR   Paso, Tello.

TELLO	Déjame, ¡pléguete a Dios!, celebrar damas y talles. ¡Cuántas topo por las calles, hermosas! De tres las dos, de cuatro las tres, de siete las cuatro y media, ¡más bellas que tras el pastel las pellas, que el vino tras el luquete! ¡Válgate Dios por lugar, la mitad de cuanto veo hermoso!

[Escena IV]

[Salen DOÑA JERÓNIMA y QUITERIA, con sombreretes y mantos de anascote a lo sevillano. Dichos.]

DOÑA JERÓNIMA	[Aparte a QUITERIA.] Tápate.

(Échanse el manto las dos.)

TELLO	Creo que nos busca el dicho par. Aguárdolas a pie quedo una a una. ¿Mandan algo?
QUITERIA	[Hablando a DON GASPAR al oído.] Hacia el Alcázar, hidalgo, sabréis cosas de Toledo.
DON GONZALO	A vos dijo.
DON GASPAR	¿Quién será?
TELLO	¡Tapadas! ¿Si es desafío?
DON GONZALO	No tiene esotra mal brío.

DON GASPAR	¡De Toledo!
TELLO	¿Si es de allá?
DON GASPAR	¿Hasta aquí llega la fama de mi amor?
DOÑA JERÓNIMA	[A DON GASPAR al oído.] Si os atrevéis, al Alcázar, y sabréis mil cosas de vuestra dama.
DON GASPAR	¿Y no aquí?
DOÑA JERÓNIMA	No, que recela mi honor que me puedan ver.
DON GASPAR	¿Traéis cartas?
DOÑA JERÓNIMA	Puede ser.
DON GASPAR	¿Cúyas?
DOÑA JERÓNIMA	De Doña Micaela.
DON GASPAR	¡Ay, cielos!
TELLO	Deja disputas Vamos: ¿qué andas por las ramas?
DOÑA JERÓNIMA	Al estanque de las Damas.
DON GASPAR	Ya os sigo.
DOÑA JERÓNIMA	Entre las dos grutas.

(Vase.)

[Escena V]

DON GASPAR, DON GONZALO, TELLO, MACHADO.

DON GONZALO   ¿Qué os dijo?

DON GASPAR   Que esperaría
a las grutas del jardín
de las Damas.

DON GONZALO   ¿Con qué fin?

DON GASPAR   Cartas de la ingrata mía
me ofrece.

DON GONZALO   ¿Y os la nombró?

DON GASPAR   Sí, amigo. Confuso quedo.

DON GONZALO   Dama será de Toledo.

DON GASPAR   Su despejo lo mostró.

DON GONZALO   Hay notables aventuras
en el Alcázar; sus salas
saben, disfrazando galas,
acomodar coyunturas.
  Cúrsanlas la primavera
como en escuelas de amor,
unas huyendo el calor,
otras haciendo tercera
su acomodada frescura;
que como tienen enfrente
la lonja con tanta gente,
donde el interés procura
enriquecer mercaderes,
son, aunque con varios nombres,
lonja aquélla de los hombres,
y esotra de las mujeres.
  Andad, Don Gaspar, a ver
lo que escribe vuestra dama:

        podrá ser mienta la fama,
        que os ha obligado a creer
           bodas que os causan pesar,
        antes que estén concluídas:
        cartas se escriben fingidas,
        que es peor que por firmar.
           Quiera Dios que verdadero
        salga yo, porque excuséis
        destierros que disponéis.

DON GASPAR   Adiós.

DON GONZALO   En casa os espero.

(Vanse DON GONZALO y MACHADO.)

[Escena VI]

DON GASPAR, TELLO.

DON GASPAR   Tello, ¿no me dices nada
                      desto?

TELLO   ¿Qué quieres que diga?
        Cada cual su rumbo siga,
        tu amor tú, yo a la tapada;
           que el diablo del sombrerete,
        que parece tajador
        de aldea, para mi humor
        tiene no sé qué sainete
           que alienta mis disparates.
        ¡Oh anascote, oh caifascote,
        oh basquiña de picote,
        oh ensaladas de tomates
           de coloradas mejillas,
        dulces a un tiempo y picantes,
        oh chapines, no brillantes,

  mas negros y con virillas,
    oh medio ojo que me aojó,
  oh atisbar de basilisco,
  oh tapada a lo morisco,
  oh fiesta, y no de la O!-
    Sigamos a quien nos llama:
  ¿Qué aguardas?

DON GASPAR   «¡Si os atrevéis,
al Alcázar, y sabréis
mil cosas de vuestra dama!»
  ¡Cuando el rigor me desvela
de sus bodas!

TELLO   ¿No es mujer?

DON GASPAR   «¿Traéis cartas?-Puede ser.-
¿Cúyas?-De doña Micaela.»
  Quien tanta noticia tiene
de mis cosas, no hay que hablar,
de Toledo a consolar
mis ansias sin duda viene.
  Penas de amor absolutas,
no desesperéis mis llamas.
Ven.

TELLO   Al jardín de las Damas.
Ten cuenta, entre las dos grutas.
(Vanse.)

[Escena VII]

[Jardín.]

(Salen DOÑA JERÓNIMA y QUITERIA.)

DOÑA JERÓNIMA   Este hombre se me ha entrado
en el alma por las puertas

más nuevas y peregrinas
que ha visto el amor, Quiteria.
Comenzó por menosprecios
el mío: ¡ay Dios! ¿Quién creyera
que hicieran descortesías
en mí lo que no finezas?
Sentí que huésped en casa,
al fin de un mes de asistencia,
no preguntase curioso
qué mujer moraba en ella.
En nosotras, ya tú sabes
que imperando la soberbia,
se rinde por sus contrarios:
hombre que nos menosprecia,
téngase por bien querido;
fínjase quien nos desea
desdeñoso, descuidado,
no nos mire, no dé quejas;
causarálas en su dama;
porque en balanzas opuestas,
aunque amor es simetría,
cuando se abrasan, nos hielan,
y helándose nos abrasan.
Si ellos esta estratagema
supieran, ¡qué a poca costa
atropellaran firmezas!
Causó en mi este sentimiento
una curiosa impaciencia
y deseo de inquirir
si viven hombres de piedra;
y para que no alegase
ignorancias, a una reja
del patio fingí preguntas
que le avisasen quién era.
No hizo novedad de oírme,
aunque pudo sacar dellas
ser mi hermano don Gonzalo.
Juntáronse a las primeras
quejas y culpas, segundas,

que engendraron causas nuevas
de acusar descortesías,
si primero inadvertencias.
Parecióme que elevado
en lo que en Toledo deja,
se olvidó allá los sentidos
y vino acá sin potencias.
Esto ya yo imaginaba
que a, b, c de celos era,
que si a la postre presumen,
al principio deletrean.
Pero, celos o no, en fin,
una noche aceché inquieta
por la llave lo que hacía.
su mal busca quien acecha.
Demostraciones amantes
vi entre papeles envueltas,
con gusto en los apacibles,
en los severos con pena.
Él leyendo y yo acechando,
el sol nos amaneciera
si con los dos compasiva
no se acabara una vela.
Desvelos volví a la cama,
que a mi sueño hicieron guerra
y el plato a imaginaciones,
si inquietudes la sustentan.
Salió el alba, y don Gaspar
de casa, y dándonos cuenta
de amorosas novedades,
se la pedí a una naveta
del contador secretario,
y hallé papeles en ella,
serranos en lo tratable,
de Toledo en la agudeza.
Otros vi que se humanaban
algo libres, y a la cuenta
se escribieron cuando el gusto
lograba correspondencias.

Uno dellos le decía,
si no las mismas, casi estas
razones bien rigurosas,
mas para mis celos tiernas:
«Don Gaspar, en todo amor
que se prosigue de veras,
la honra de lo que se ama
no se eclipsa, antes se aumenta.
Cartas bastardas sin firma,
ya vos veis cuánta vileza
arguyen en quien pretende
hacer la infamia estafeta.
Más os valiera faros
en mi voluntad que en ellas;
que ella os despenara firme,
y ellas viles os despeñan.
Por vos mi opinión perdida
desprecio en don Jaime engendra,
castigo justo en mi hermano.
llanto en mi madre y molestias.
Vos su muerte ocasionastes,
y yo, si os amara, fuera,
como ingrata a sus cenizas,
verdugo a mi fama honesta.
Aborreciéndoos, verá
el mundo, porque os desmienta,
la falsedad de una carta
que la infamia afirma vuestra.
No habla el cuerdo amor, ni escribe;
que es niño en cuanto la lengua,
y las plumas de sus alas
volaran mal, si escribieron.
Cara voluntad os tuve,
y tan cara, que me cuesta
menoscabos de mi honor,
y una madre por vos muerta.
Si os buscare la venganza,
no os espante que pretenda
borrar con sangre la tinta

| | de tan afrentosas letras.»
Esto, Quiteria, leí,
sospecho que en la postrera
de todas, con que animé
esperanzas y quimeras.
Estudié por las demás
todo el suceso y materia
destos trágicos amores:
¡fin más dichoso en mí tengan!
El nombre de la ofendida
supe que es doña Micaela,
Ayala en el apellido.
¡Triste amor que en *ay* comienza!
En efeto, mis pasiones,
sin saber dónde me llevan,
me traen aquí, a ¿qué sé yo?,
ni ¿qué espero, aunque lo sepa? |
|---|---|
| QUITERIA | ¡En verdad que en el estudio
de la medicina medras
lucidamente! Dotora
que en vez de curar enferma,
el diablo que la dé el pulso. |
| DOÑA JERÓNIMA | Decirme podrá el problema:
«Dotor, cúrate a ti mismo.» |
| QUITERIA | Éstos son. |
| DOÑA JERÓNIMA | Pues hazles señas.
(Tápanse.) |

[Escena VIII]

[Salen DON GASPAR y TELLO.-DOÑA JERÓNIMA, QUITERIA.]

| TELLO | Hay tanta mujer tapada,
los sombrerillos de tema, |
|---|---|

| | tantas con los medios ojos
anascotados, que es fuerza,
si no nos llaman, perdernos. |
| --- | --- |
| DON GASPAR | Las dos grutas son aquéllas. |
| TELLO | Y las otras las dos damas. |
| DON GASPAR | Señas nos hacen. |
| TELLO | Pues llega. |
| DON GASPAR | ¿Son vuestras mercedes? |
| DOÑA JERÓNIMA | Somos. |
| DON GASPAR | Y yo quien a la obediencia
cortés de vuestros mandatos
llego humilde. |
| DOÑA JERÓNIMA | Cosa nueva
será en vos la cortesía. |
| TELLO | (Aparte.)
¿Ya empezamos por afrentas?
No es malo; que entrar perdiendo,
la ganancia tiene cierta. |
| DON GASPAR | Rigurosa comenzáis.
No sé yo que en esta tierra,
ni en otra, me dé ese grado
la fama que en mí profesa
diferentes atributos. |
| DOÑA JERÓNIMA | No lo dice la experiencia
de quien, de vos ofendida,
os culpa en tales materias. |
| DON GASPAR | Es mi ventura tan corta,
que aquello en que más se esmera
mi cuidado, le saldrá
al contrario. ¿No supiera
yo quién es esa ofendida? |

DOÑA JERÓNIMA	Una dama que se queja de vos con justas razones, muy mi amiga, aunque no vuestra.
DON GASPAR	Si se admiten conjeturas, y corresponsal con ella, me prometéis alentar esperanzas con sus nuevas; en Toledo está esa dama, porque yo no sé que pueda otra ninguna intimarme tan descorteses ofensas.
DOÑA JERÓNIMA	Bien puede ser.
DON GASPAR	Eso mismo me dijisteis allí fuera no ha mucho, pidiéndoos cartas.
DOÑA JERÓNIMA	Decís la verdad.
DON GASPAR	¿Traéislas?
DOÑA JERÓNIMA	Yo vengo por carta viva.
DON GASPAR	¿De Toledo?
DOÑA JERÓNIMA	De allí cerca.
DON GASPAR	¿Y no sabré yo quién sois?
DOÑA JERÓNIMA	Si eso algún cuidado os diera, no estuviera yo quejosa.
DON GASPAR	¿Vos? ¿Por qué?
DOÑA JERÓNIMA	Porque asistencias de un mes de huésped, ni obligan. ni cortesías despiertan.
DON GASPAR	No os entiendo.
DOÑA JERÓNIMA	Es mal antiguo en vos no entender.

DON GASPAR	Discreta misteriosa, declaraos, ya que me habláis encubierta. ¡Vuestro huésped un mes yo!
DOÑA JERÓNIMA	Si tan presto negáis deudas, no haréis pleito de acreedores.
DON GASPAR	¿Donde? ¿Cómo? ¿Cuándo?
TELLO	(A QUITERIA.) Pueda alcanzar yo algún favor dese retablo en cuaresma, ya que no corren cortinas aquí por Pascuas, ni fiestas. ¿Eres dama motilona de la hermana compañera? ¿Fregatriz o de labor? No quiero decir doncella; que ésa es moneda de plata, y como el vellón la premia, apenas sale del cuño, cuando afirman que se trueca. Dame un adarme no más de carantoña.

(Va a destaparla, y pégale ella.)

QUITERIA	Jo, bestia.
TELLO	Bestia soy, pues que te sufro, y Jo soy en la paciencia.
DON GASPAR	En fin, ¿ni queréis decir quién sois, ni queréis que os vea, ni en qué parte me hospedaste, ni cuándo os di causa a quejas?

DOÑA JERÓNIMA	Estáis muy despacio vos, y traigo yo mucha priesa: vamos, don Gaspar, al caso. Sabed que la dama vuestra, pesarosa en desdeñaros, y triste con vuestra ausencia, ha despedido a don Jaime y ansiosa veros desea.
DON GASPAR	¡Oh iris de mi ventura, que disfrazada en tinieblas reflejos de sol retocan colores con que me alegras! Dame a besar esas manos.
TELLO	(A QUITERIA.) Y dame tú, aunque las tengas con callos del almirez, las tuyas, pues todos besan.

(Ven llegar a DON GONZALO y apártanse los dos.)

[Escena IX]

[Sale DON GONZALO.-Dichos.]

DON GONZALO	Don Gaspar, dejad ahora averiguaciones tiernas de vuestra dama, y poned cobro en vos; que diligencias enemigas están ya en Sevilla, y tan molestas, que mi casa han registrado requisitorias que os prendan. El gobierno de La Habana que me prometieron, truecan por el de Pamplona, siendo

castellano de su fuerza.
Mándanme partir al punto,
porque las armas francesas,
instantes en su conquista,
por Navarra dicen que entran.
Si dejando a Portugal
queréis dar ilustres muestras
de la sangre que heredastes,
honraréis una bandera.
Determinaos esta noche,
y dad en la santa iglesia
a la libertad sagrado
que oprimir tantos desean.
Cama os llevarán allá
y regalos de una mesa,
si no poderosa, amiga:
retiraos, pues está cerca;
que yo voy a disponer
mi partida, porque pueda
salir de Sevilla al alba.
Hablaréos cuando anochezca.
(Vase.)

DON GASPAR　　Señora, desdichas mías
presurosas desordenan
principios que aseguraban
mi sosiego en vuestras nuevas.
Ya veis el riesgo que corro,
y también estaréis cierta
(pues venís tan informada
de mis cosas) lo que aprietan
diligencias enemigas
de la parte que desea
vengar una muerte honrosa
que satisfizo mi ofensa.
Pues no he podido hasta aquí
conoceros, y la priesa
que mis peligros me dan
el breve tiempo me niegan

                        en que presumí obligaros
                        a este favor, por vos sepa
                        vuestra amiga, y mi señora,
                        que en la corte portuguesa,
                        a su amor agradecido
                        y deudor de su firmeza,
                        podrá divertir con cartas
                        soledades de su ausencia.
                        Embarcaréme esta noche:
                        si hay en que serviros pueda
                        allá, ejecutad mandando
                        los réditos desta deuda.
                        (Vase.)

TELLO   Yo soy maza desta mona:
                        ya ves que tras sí me lleva.
                        No pongas porte en las cartas,
                        si quieres que no se pierdan,
                        y pide cuanto mandares,
                        porque, en fin, cuando no venga,
                        cumples con tu obligación
                        que te atisbo pedigüeña.
                        Y adiós, hasta la otra vida.
                        (Vase.)

DOÑA JERÓNIMA   ¿Qué tropel de olas, Quiteria,
                        quieren hoy desbaratar
                        mi amor? ¿qué desdicha es ésta?

QUITERIA   ¿Qué sé yo? Vamos a casa,
                        porque no nos eche en ella
                        menos tu hermano; y arroja
                        en Guadalquivir tus penas.

DOÑA JERÓNIMA   ¡A Lisboa se me parte,
                        donde amor en sus bellezas,
                        extranjero con las damas,
                        perpetúe su asistencia!
                        ¿Qué intentáis, locuras mías?

QUITERIA	De los libros te aprovecha en que estudias.
DOÑA JERÓNIMA	¡Plegue a Dios que por ellos no me pierda!

(Vanse.)

ACTO II

[Escena I]

[Sala en casa de DON ÍÑIGO, en Coimbra.]

[(Salen DON RODRIGO, de camino; DON GASPAR, DELGADO.)]

DON GASPAR   Dadme otra vez los brazos.

DON RODRIGO   Acortó, don Gaspar, la ausencia plazos.
Pues aquí veros puedo,
no echo menos amigos de Toledo.
Juzgábaos yo embarcado.

DON GASPAR   Mejor que imaginaba he negociado.
El cargo de un navío
me daba el rey; mas como vi a mi tío
que a Portugal venía,
del rey Fernando embajador, el día
que supe que llegaba,
la embarcación dejé.

DON RODRIGO   Mal os estaba.
Surquen hijos segundos
golfos de sales, midan sus profundos,
y gocen herederos
mayorazgos en paz, pues son primeros.

                    En fin, ¿os tiene en casa
                    don Íñigo de Cárdenas?

DON GASPAR   Y pasa
                    su favor adelante
                    de deudo y huésped: permisión de amante
                    tengo también en ella.
                    Dueño me intenta hacer de su hija bella,
                    y es doña Estefanía
                    competencia del sol que luz le envía.
                    Dice que pues heredo
                    a su hermano y mi padre, y en Toledo
                    mi mayorazgo tiene
                    su antigüedad y casa, no conviene,
                    pudiendo eslabonarla
                    con nuevo parentesco, desmembrarla;
                    que mientras se mitiga
                    el rey contra mí airado, a que se obliga,
                    a cargo suyo toma
                    nuestra dispensación, que ya está en Roma;
                    ved si es razón que pierda
                    la buena suerte de elección tan cuerda.

DON RODRIGO   Quedárades culpado,
                    si no de ingrato, de desalumbrado,
                    principalmente agora
                    que desposada vuestra dama, adora
                    a don Jaime Centellas.

DON GASPAR   Las de mis celos aumentara en ellas,
                    si no las apagara
                    la prenda hermosa que mi amor repara.
                    Ya el suyo en mí es olvido;
                    logre doña Micaela el que ha tenido
                    de mí, creyendo engaños,
                    y gócense los dos felices años;
                    que yo desde Sevilla,
                    informado de nuevas de Castilla,

aunque no verdaderas,
conservaba en el alma, ya quimeras,
si hasta agora esperanzas:
agradecido estoy a sus mudanzas.
(Aparte.)
(¿Quién la dama sería
que me habló en el Alcázar aquel día?
No hay que hacer caso desto;
pues mis dichas los cielos han dispuesto
por tan nuevos caminos,
trocaré por aciertos desatinos.)
Pues, señor don Rodrigo,
¿a qué venís acá?

DON RODRIGO La corte sigo
del rey Manuel, fiado
en que como Castilla le ha jurado
por príncipe heredero,
y la casa que pone, a lo que infiero,
será a lo castellano,
respeto de favores, tenga mano
con su Alteza, y en ella
algún título honroso.

DON GASPAR Buena estrella
os dé vuestra ventura;
que en los palacios todo es coyuntura.

DON RODRIGO El creer que la hallara
en Lisboa, y en ella negociara,
fué causa de un rodeo
bien cansado; mas ya que aquí le veo
sin muestras de mudanza,
asentará mis cosas la esperanza.

DON GASPAR Pica la peste tanto
en Lisboa, que a todos pone espanto;
y en riesgo tan terrible,
es ciudad saludable y apacible
Coimbra, celebrada

	por la fama presente y la pasada;
	benévolo su clima,
	fértil su territorio, en cuya estima
	cristales del Mondego
	compiten con el Tajo, y el sosiego
	convidando a las Musas
	(que donde hay multitud viven confusas),
	aquí hallan puerta franca,
	sin envidiar Coimbra a Salamanca;
	que es este lugar solo
	habitación de Amor, Marte y Apolo.
DON RODRIGO	Ilustre le hizo al mundo
	la asistencia del rey Don Juan segundo,
	que lo más de su vida
	en él tuvo su corte entretenida.

[Escena II]

[Sale TELLO.-Dichos.]

TELLO	¿Oyes, señor? Te llama
	la embajatriz doncella nuestra dama,
	y su padre con ella,
	que desea aliviarla de doncella.
DON GASPAR	¿Queréisla ver, Rodrigo?
DON RODRIGO	Y a don Íñigo hablar, que es
	muy mi amigo,
	y podrá, a vuestra instancia,
	su favor con el rey ser de importancia.
DON GASPAR	Ése, yo os lo prometo.
	Venid, y admiraréis en un sujeto
	discreción y hermosura,
	llaneza, gravedad, valor, cordura,
	donaire y cortesía:

veréis, en fin, a doña Estefanía.
(Vanse los dos caballeros.)

[Escena III]

TELLO, DELGADO.

DELGADO ¡Tello!

TELLO ¡Oh Delgado! y no hilo.
¿Acá también?

DELGADO ¿Qué hay de nuevo?

TELLO En Portugal todo es sebo
hasta quedarse en pabilo,
todo *bota*, todo *lua*,
todo *fidalgo valente,*
paon mimoso, faba quente,
sardinha e manteiga crua.
 No hay poderlos entender:
la olla llaman *panela,*
y a la ventana *janela.*
Para darme de comer,
 dai-ca, me dijo una vieja,
tigelas, yo, que entendí
tijeras, unas le di;
y ella los guisados deja,
 diciendo que de Castilla
un hombre la iba a matar,
hasta que vine a sacar
que *tigela* es escudilla.
 Un viernes la pregunté:
«¿Qué tengo de cenar yo?-
Cagados, me respondió.-
Cómalos vuesamercé,
 la dije, y pullas a un lado,
que tiene muchas arrugas»;

| | y supe que eran tortugas
los *cagados*. |
|---------|---|
| DELGADO | ¡Buen guisado! |
| TELLO | La embajatriz mi señora,
que es digna de todo amor.
y me hace mucho favor,
por no decir me enamora,
da en hablar a lo seboso;
porque en nuestra tierra es fama
que en esta lengua una dama
tiene aire garabatoso;
   y entre cosas peregrinas
que suele mandarme hacer,
tracei-me, me dijo ayer,
do jardim umas boninas,
   olhai, e un ramo de cravos.
«¿Para qué diablos querrá,
dije, si loca no está,
olla, boñigas y clavos?
   El tiempo anda enfermo, y éste
altera nuestra salud;
deben de tener virtud,
sin duda, contra la peste.»
   Compré una olla vidriada,
al campo salí, llenéla
de clavos, emboñiguéla,
y llevándola tapada
   con la capa, la hallé hablando
con su padre y mi señor
(no era muy fino el olor
con que me iba perfumando.)
   Llegué y díjela al oído:
«Aquí aquel recado está»;
y respondióme: *«Dai-ca.»*
«¿Estás fuera de sentido,
   señora, que a esto me obligas?
-repliqué-¡Gentil humor! |

¡Sacarle a un embajador
un puchero de boñigas!»
    Mandó que lo descubriese,
y vino a causar su prisa
a unos asco y a otros risa,
y a que mi amo se corriese,
    y tuviésemos mohinas.
¡Averigüe Garibay
que es aquí «mirad» *olhai*,
que las flores son *boninas*
y *cravos* claveles son!
En fin, yo, que su humor sigo,
porque se huelgue conmigo,
paso plaza de bufón.

[Escena IV]

[Salen DOÑA ESTEFANÍA, DON ÍÑIGO, DON GASPAR y DON RODRIGO.-Dichos.]

DON ÍÑIGO   (A DON RODRIGO.)
Huélgome infinito yo
de veros por esta tierra;
que el que en la suya se encierra
y nunca se divirtió
    en las demás, no merece
de discreto estimación.
Historias los reinos son,
y el que verlos apetece,
estudiando en la experiencia
que a tantos renombre ha dado,
vuelve a casa consumado,
y es para todo. No hay ciencia
    en libros como en los ojos,
porque en la práctica estriba
la más especulativa:
la ociosidad causa enojos;

          mozo sois, y en Portugal,
que es una común escala
de cuanto el orbe señala,
yo sé que no os halléis mal.

DON RODRIGO   Ni ya menos echaré
a Castilla ni a Toledo,
si con Vuexcelencia quedo
acreditado.

DON ÍÑIGO   Hablaré
    hoy al Rey, que se dispone,
según la voz común pasa,
a poner segunda casa
castellana; y si la pone,
    sabiendo vuestro valor,
no tiene dificultad
que os honre su Majestad.

DON RODRIGO   Siendo vos mi protector,
    señor, ya la dicha mía
asegura mi cuidado.

        (A DOÑA ESTEFANÍA.)

    Añadirá otro criado
en casa Vueseñoría,
    y seré yo venturoso
en acertarla a servir.

DOÑA ESTEFANÍA   Yo os quisiera ver lucir,
señor, algún cargo honroso,
    con que en Portugal quedaran
satisfechos de Castilla.

DON ÍÑIGO   Al que en Portugal se humilla,
por forastero le amparan
    fidalgos y caballeros;
porque siempre llevó mal
presunciones Portugal
de arrogantes forasteros;

                              mas vos, señor Don Rodrigo,
                              que sois tan enerdo y cortés,
                              en cualquiera portugués
                              tendréis hermano y amigo,
                                    y en mí un nuevo servidor.

DON RODRIGO   Por mi señor os elijo;
                              que, en fin, en todo sois hijo
                              de quien siendo embajador
                                    de nuestros reyes aquí,
                              tiene la opinión en pie
                              castellana.

DON ÍÑIGO   Hoy hablaré
                              al Rey, que audiencia pedí.
                                    Paréceme, Estefanía,
                              que estás triste.

DOÑA ESTEFANÍA   Causarálo,
                              señor, el tiempo, que es malo,
                              y engendra melancolía.
                                    Dicen que la peste asombra
                              todo este reino.

DON ÍÑIGO   Si das
                              en eso, no vivirás
                              segura; que a quien la nombra,
                                    maltrata su contagión,
                              y en todo temor mortal
                              no hace tanto daño el mal
                              como su imaginación.
                                    Coimbra tiene frescuras,
                              su río alegres riberas;
                              cuando divertirte quieras,
                              si frecuentarlas procuras,
                                    podrás divertir cuidados
                              que aumenta la ociosidad.

DOÑA ESTEFANÍA   Antes con su soledad
                              suelen dar pena, doblados.
                                    Yo procuraré, señor,

	ocupar mis pensamientos
	donde no puedan violentos
	acrecentar su rigor;
	cuando no por otra cosa,
	por no darte pena a ti.
DON GASPAR	El alma, prima, que os dí,
	viéndoos triste, está quejosa,
	porque como por vos vive,
	juzga, y no sin propiedad,
	que no tiene voluntad
	quien triste al huésped recibe.
	Siquiera por forastera
	tratarla bien será justo.
DOÑA ESTEFANÍA	Quien vive donde no hay gusto,
	¿qué es, Don Gaspar, lo que espera?
	La tristeza me entretiene:
	no sé yo que haya posada,
	que al huésped esté obligada
	a darle lo que no tiene.
	Mudarla será mejor,
	si no se halla bien en ella.
DON GASPAR	No fuérades vos tan bella,
	a mostrar menos rigor.
	No lo dije yo por tanto,
	ni ya podré hacer mudanza:
	el amor, que es semejanza,
	llorará, con vuestro llanto,
	y alegrándoos, estará
	alegre; que el mar y amor
	no tienen otro color
	que el que su objeto les da.
DOÑA ESTEFANÍA	Hoy me habéis de perdonar,
	si dejo de responderos.
DON GASPAR	Serviros y no ofenderos,
	pretendo yo.
	Don Gaspar,

                        dejémosla; que es costumbre,
                    que de su madre heredó,
                    la tristeza: dila yo
                    muchas veces pesadumbre,
                        aunque tanto me quería,
                    si a consolarla llegaba,
                    cuando desta suerte estaba.

DON RODRIGO   (Aparte.)
                 ¡Qué hermosa es la Estefanía!

DON ÍÑIGO   Haz que te pongan el coche,
                 sal a pasearte al río.

DON GASPAR   (Aparte.)
                 ¡Qué presto, recelo mío,
                 os muestra mi sol su noche!
                     ¡Apenas salió el aurora
                 del favor, cuando ya veo
                 nublados en mi deseo!

DON ÍÑIGO   Venid, que debe ser hora
                     de ir a palacio, y querría,
                 Don Rodrigo, hablar por vos
                 hoy al Rey.

DON RODRIGO   (Aparte.)
                 ¡Válgame Diosl
                 ¡Qué bella es la Estefanía!
                 (Vanse todos menos la dama.)

                    [Escena V]

                 DOÑA ESTEFANÍA.

DOÑA ESTEFANÍA   Imaginación tirana,
                 pues con vos sola me dejan,
                 decidme: ¿qué os aconsejan
                 penas que os hacen liviana?

¿De cuándo acá sois tan vana,
que dais audiencia a locuras?
¿Cómo acertaréis a escuras
donde yerran claridades?
¿Por qué amáis desigualdades,
ni posibles ni seguras?
    ¿Este fin será razón
que tengan mis altiveces?
Libertad, que tantas veces
triunfó vuestra presunción,
ya que imitáis a Faetón
cayendo, no os despeñéis
sin que en todo le imitéis;
pues, aunque de seso falto,
Faetón se perdió por alto,
y vos por baja os perdéis.
    ¿A un médico amáis? Callad;
que el publicarlo es locura.
¿Para qué se llama cura,
si es la misma enfermedad?
Destruye la voluntad,
¡y a curar cuerpos se allana!
¿Qué medicina inhumana,
qué médico, amor, es éste,
que cura pestes, y es peste
que enferma al mismo que sana?
    ¡Nunca en casa le admitiera
mi padre! ¡Nunca llevara
salarios con que matara
a la visita primera!
¡Nunca yo el pulso le diera!
Pues, para mi perdición,
en fe de ser contagión
de tanta efímera loca,
apenas la arteria toca,
cuando abrasa el corazón.

[Escena VI]

[Salen DON ÍÑIGO, DON GASPAR, DON RODRIGO, DON MARTÍN y TELLO.-DOÑA ESTEFANÍA.]

DON ÍÑIGO
   Está indispuesto su Alteza,
y no despacha este día:
quiero mucho a Estefanía,
Don Gaspar, y su tristeza
  obliga a volverme a casa.

DON GASPAR
¿A quién no dará cuidado
el ver el sol eclipsado,
señor, que entre nieve abrasa?

DON RODRIGO
  Todos participaremos
de su mal si no mejora.

DON GASPAR
Y más quien cual yo la adora.

TELLO
¡Gentil hespital tendremos!

DON ÍÑIGO
  Hija, mientras sola estés,
tu tristeza aumentarás.
¿Por qué al campo no saldrás,
si en él la eficacia ves
  con que divierten sus flores,
y alegran sus aires puros?

DOÑA ESTEFANÍA
No son remedios seguros
los que acrecientan rigores.
  El campo al triste entristece,
como la música.

DON ÍÑIGO
¿En qué
fundas la tuya?

DOÑA ESTEFANÍA
No sé;
nada mi gusto apetece.

DON ÍÑIGO
Quebrada estás de color.

TELLO	(Aparte.) Pues poco valen o nada vasija y virgen quebrada.
DOÑA ESTEFANÍA	Mala me siento, señor; por sólo no darte pena, disimulo mis pasiones: si duermo, imaginaciones me despiertan; estoy llena de disgustos, como mal, aprietos del corazón me angustian . . .
TELLO	¿Palpitación? Ramo es de gota-coral.
DON ÍÑIGO	Tello, tú alegrar solías sus tristezas con frialdades: di algunas.
TELLO	Las navidades entretienen y son frías: pónganla encima del bazo diez o doce, y sanará; aunque navidades ya son en viejas embarazo, porque aborrecen verdades y oyen de terrible gana que digan: «Doña Fulana tiene muchas navidades.» El mas eficaz remedio de toda doneella ha sido cuatro arrobas de marido, sin suegra que se entre en medio. Récipe que de esto coma; que son muchas dilaciones esperar dispensaciones por el prototo de Roma.
DOÑA ESTEFANÍA	Échenme de aquí este necio.

TELLO	¿Escocióla?
DOÑA ESTEFANÍA	Idos de aquí, o iréme.
TELLO	En el punto dí. No tiene mi ciencia precio; mas si no sanan fatigas las recetas que la doy, tengan, que a buscarla voy olla, clavos y boñigas.

(Vase.)

[Escena VII]

[Sale un PAJE.-DOÑA ESTEFANÍA, DON ÍÑIGO, DON GASPAR, DON RODRIGO, DON MARTÍN.]

PAJE	El médico está, señor, a la puerta.
DOÑA ESTEFANÍA	Entre, y advierta que al dotor nunca la puerta se le cierra.
DON ÍÑIGO	Entre el dotor.

(Vase el PAJE.)

[Escena VIII]

[Sale DOÑA JERÓNIMA, de médico, con cuello abierto pequeño sotanilla larga, capa de gorgorán con capilla, y guantes.- DOÑA ESTEFANÍA, DON ÍÑIGO, DON GASPAR, DON RODRIGO, DON MARTÍN.]

DOÑA JERÓNIMA	Dios sea en aquesta casa.
DON ÍÑIGO	Vengáis, dotor, en buen hora. No está buena Estefanía.
DOÑA JERÓNIMA	¿Qué mucho, si es tan hermosa?
DON GASPAR	Pues ¿repugna la salud a la hermosura?
DOÑA JERÓNIMA	¿Eso ignora vuesamerced? Claro está que cuando se proporcionan de las cuatro calidades los cuatro humores, dan forma a la belleza apacible, buen talle y gentil persona. Esto es lo que llama *ad pondus* nuestro Galeno, y dél consta la igualdad y simetría saludable y deleitosa. De aquí nace la belleza, y esta tal consiste toda en la sangre delicada, y tiene su esfera propia en el hígado, y de allí, blanca entrando, sale roja a nutrir todos los miembros con los cuales se conforma, siendo carne con la carne, hueso con el hueso, y toma de la sustancia que nutre,

                              color, calidad y forma,
                              porque cada miembro busca
                              su semejanza amorosa:
                              de modo que cuanto más
                              fuere elegante una cosa,
                              tanto más tendrá la sangre
                              delicada, y si se nota,
                              por esta causa estará
                              más expuesta y peligrosa
                              a cualquiera alteración
                              que la destemple y corrompa.
                              Por esto niños y damas
                              tan fácilmente se aojan,
                              porque la fascinación
                              halla resistencia poca
                              en la sangre que penetra,
                              y ansí al punto que la toca,
                              le pega su calidad,
                              lo que no hiciera en la tosca.
                              ¿Ve, señor, vuesamerced
                              cómo toda dama hermosa
                              está sujeta a accidentes
                              que llama el griego symptomas?

DON GASPAR   Ello está muy bien probado.

DOÑA JERÓNIMA   Esta calidad morbosa,
                              que de malas influencias
                              aires y gente inficiona,
                              produce melancolías,
                              y aunque no enferme, congoja
                              cualquiera disposición,
                              si bien unas más que otras;
                              porque aumenta el atra-bilis
                              térrea, fría, y que provoca
                              a retiros intratables.
                              Si vueseñoría, señora,
                              no procura divertirse,
                              y imagina, estando sola,

tristezas, enfermará;
que *imaginatio* es axioma
general, que *facit casum*;
y ansí será bien que ponga,
con medios preservativos,
atajos a esta ponzoña.

DOÑA ESTEFANÍA   No gastéis, señor dotor,
de aforismos tanta copia;
que es almacén ordinario
de todo médico broma.
Ved si tengo calentura.
(Da el pulso.)

DOÑA JERÓNIMA   No es confirmada hasta agora;
pero dispónese a serlo.
Pesado pulso.

DOÑA ESTEFANÍA   (Aparte.)
Amorosa
sangre, decilde mi mal:
sirva la arteria de boca,
pues viene del corazón.

DOÑA JERÓNIMA   Vena obtusa. Dadme esotra.

(Da el otro pulso DOÑA ESTEFANÍA.)

DON GASPAR   (Aparte.)
¿Que tenga un dotor licencia
tan amplia, que lo que goza
el tacto, a mí se me niegue?
¡Oh, facultad venturosa!

DON RODRIGO   (Aparte.)
Por Dios, que debe de ser
su enfermedad contagiosa,
porque se me va pegando.
¿Qué es esto, inclinación loca?

DOÑA JERÓNIMA   ¿Duéleos algo?

DOÑA ESTEFANÍA	El corazón.
DOÑA JERÓNIMA	¿Agora?
DOÑA ESTEFANÍA	No, estando sola . . . (Aparte.) (Iba a decirle: «sin veros».)
DOÑA JERÓNIMA	¿Y qué sentís más?
DOÑA ESTEFANÍA	Me ahoga . . . (Aparte.) (Mi secreto iba a decirle.) no sé yo qué, que me estorba
DOÑA JERÓNIMA	¿El escupir?
DOÑA ESTEFANÍA	No, el hablar.
DOÑA JERÓNIMA	Mucílago es pituitosa.
DOÑA ESTEFANÍA	Abrásanseme las palmas de las manos: cuanto tocan, encienden; tentad, tentad. (Dale las dos manos.)
DOÑA JERÓNIMA	¡Brava intemperies!
DOÑA ESTEFANÍA	Soy Troya.
DOÑA JERÓNIMA	Tenéis toda la región del hígado por la cólera lesa, que con la pituita quemándola se incorpora. Ahora bien, señora mía, vuesiría se disponga a preservar accidentes que la experiencia diagnóstica nos indica: lo primero, con dieta flemagoga y algo colagoga, enfrene cualidades licenciosas.
DOÑA ESTEFANÍA	Dotor, habladme en romance.

DOÑA JERÓNIMA   Digo que vusía coma
manjar entre húmedo y seco:
pan con anís, y éste en roscas;
carnes no del todo asadas,
verbigracia: pavos, pollas,
perdices, lechones, liebres,
ternera; mas no palomas.
Si apeteciese cocido,
mandará echar en las ollas
culantro verde, mastuerzo,
verdolagas, o buglosa,
borrajas y yerbabuena,
que mezcladas unas y otras,
templarán lo seco y frío;
mas no han de llevar cebolla.
Los peces secos y asados,
de corrientes pedregosas,
no de estanques ni lagunas,
y las salsas olorosas,
sin pimienta ni canela.
Cene a la noche escarolas
cocidas, peras asadas,
huevos frescos y dos gotas
de clarete bien linfato.
Guardarse de estar ociosa,
hacer mediano ejercicio,
y echar aparte congojas:
con esto, y unos jarabes
que alteren, cuezan, dispongan
esos humores rebeldes,
y cinco píldoras solas,
espero en Dios de dejarla
sana en distancia tan corta,
que restituya alegrías,
y a sus mejillas sus rosas.

DOÑA ESTEFANÍA   Haced vos eso, dotor,
si mi salud os importa
-que si gustáis, bien podéis-,

| | y de cuanto soy señora
dispondréis a vuestro arbitrio.
(Aparte.)
¡Ay! ¡Si me entendiese! |
|---|---|
| DOÑA JERÓNIMA | Sobran
voluntad y medicinas;
pero falta que se pongan
en ejercicio. |
| DOÑA ESTEFANÍA | Por mí
recetad; que desde agora
estoy puesta en vuestras manos. |
| DON ÍÑIGO | ¿Cómo te sientes? |
| DOÑA ESTEFANÍA | Mejoran
los enfermos de mi humor
sólo con ver de hora en hora
al médico junto a sí. |
| DON GASPAR | Aunque breve de persona,
sin autoridad de barba,
y la edad no muy dotora,
suple lo limpio y pulido
las letras, que serán pocas,
de quien en lugar de textos,
gasta el estipendio en ropa. |
| DOÑA JERÓNIMA | No dan las ciencias los años,
ni es tanta la que le sobra,
señor, a vuesamerced
que por mí no le responda
el filósofo monarca
en sus problemas curiosas.
Pregunta: «Por qué el ingenio
es mayor en la edad moza?»
Y respóndele el poeta
Ausonio: «No porque goza
mil años de vida el fénix,
será razón que se oponga |

a los cien ojos con que Argos
alcanza todas las cosas;
que éste en vela, siempre estudia,
y aquél vive muerte ociosa.»
Cedimus ingenium quantum
praecedimus aevo. Ausonia
sentencia, en fin; que Minerva
niña se pinta y hermosa.
Nerva y Celso, de quince años,
la jurisprudencia en Roma
honraron; de diez y nueve
Augusto triunfó vitorias;
de treinta y dos alcanzó
Galeno el lauro y corona
de Apolo. *Felix ingenium*
non gaudet aetate longa.
Díjolo Filón judío.
Ni de mi estatura corta
menor alabanza espero,
cuando el sabio las abona,
Platón. Toda corpulencia
hace al ingenio enfadosa:
de aquí el adagio, *Amens longus*;
de aquí el filósofo axioma:
Fortior est virtus unita
se ipsa dispersa, y oiga
la causa en que esto se funda,
porque o se enmiende o se corra.
La humedad dilata miembros,
cuya obediencia es más propia
para el calor natural,
que con su aumento la honra.
Por esto el muy corpulento
es muy húmedo, y no hay cosa
de las cuatro cualidades
que así destruya las obras
de la ánima racional
como la humedad, que borra
las imágenes y especies

del discurso y la memoria.
Esto no hay en los pequeños,
cuya sequedad corpórea
no permite que la carne
se dilate correosa,
y no pudiendo extenderse,
queda en su estrechez angosta
el ánima más unida;
porque es cualidad heroica
que sutiliza el ingenio
la sequedad, de tal forma,
que dijo Heráclito della
esta sentencia famosa:
*Est animus sapientissimus
splendor siccus*; de forma
que la falta de mi cuerpo
en el espíritu sobra.
La curiosidad del traje,
ni afectada ni pomposa,
sino limpia y aliñada,
en el médico ocasiona
autoridad y respeto,
y más cuando se acomoda
con ella cara apacible;
que *praestantissima forma
digna est imperio*; y así
entre seis o siete cosas
que el médico ha de tener,
con que Hipócrates le adorna
en sus *Epidemias*, pide
que el vestido corresponda
al buen rostro: *quod est pulchrum,
anticum est*; y es forzosa
circunstancia en la belleza
la curiosidad sin costa,
el despejo, buena gracia,
buen olor y buena prosa.

DOÑA ESTEFANÍA	Decidme esas condiciones
que al médico perficionan,
que me entretiene el oíros.
DOÑA JERÓNIMA	Agrado, lenguaje, forma,
vestido, limpieza, olor,
disminuyen las congojas
del enfermo, si las tiene
el médico, mi señora.
De grosero y desabrido
Galeno a Caliantes nota,
porque entraba desahuciando,
y así fué su medra poca.
Primero se han de curar
los afectos que apasionan
el alma, que los del cuerpo,
sol aquélla, estotro sombra.
Pues si entra a ver al paciente
un dotor, presencia tosca,
mal vestido, peor hablado,
¿cómo es posible que ponga
buen ánimo en sus enfermos?
DOÑA ESTEFANÍA	Es esa verdad tan propia,
que de haberos sólo oído,
aliviada, me siento otra.
Tornad a verme estos pulsos.
(Dáselos.)
DOÑA JERÓNIMA	¡Jesús! ¡Su mundanza asombra!
DOÑA ESTEFANÍA	¿Qué os parece?
DOÑA JERÓNIMA	Que estáis buena.
DOÑA ESTEFANÍA	¿La color?
DOÑA JERÓNIMA	Jazmín y rosa.
DOÑA ESTEFANÍA	¿Las palmas?
DOÑA JERÓNIMA	Refrigeradas.

DOÑA ESTEFANÍA	¿El aliento?
DOÑA JERÓNIMA	Azar en pomas.
DOÑA ESTEFANÍA	¿La disposición?
DOÑA JERÓNIMA	Divina.
DOÑA ESTEFANÍA	¿Y la igualdad?
DOÑA JERÓNIMA	Milagrosa.
DOÑA ESTEFANÍA	Tomad estos dos diamantes.
DON GASPAR	(Aparte.) Por Dios, que soy si se nombra medicina, y no amor esto, en uno y en otro idiota.
DOÑA JERÓNIMA	Volveré a la noche a veros.
DOÑA ESTEFANÍA	Pues, ¿adónde vais agora?
DOÑA JERÓNIMA	A recebir una hermana, que por no estar en Lisboa. donde muere tanta gente, quiere ser habitadora de Coimbra.
DOÑA ESTEFANÍA	¿Hermana vuestra?
DOÑA JERÓNIMA	Mía, y vuestra servidora.
DOÑA ESTEFANÍA	¿Y ha de llegar hoy?
DOÑA JERÓNIMA	Sospecho que estará ya en casa.
DOÑA ESTEFANÍA	¿Moza?
DOÑA JERÓNIMA	Y de cara razonable.
DOÑA ESTEFANÍA	¿Doncella?
DOÑA JERÓNIMA	Y escrupulosa.
DOÑA ESTEFANÍA	Pues, yo, ¿no tengo de verla?

DOÑA JERÓNIMA	Si esa merced se le otorga, en descansando unos días, vendrá a serviros.
DOÑA ESTEFANÍA	¿Se nombra?
DOÑA JERÓNIMA	Doña Marta de Barcelos.
DOÑA ESTEFANÍA	Y vos el dotor Barbosa.
DOÑA JERÓNIMA	Como el Moreno Juan Blanco, ellas saldrán por la posta.

(A DON ÍÑIGO.)

Vueselencia ha de ampararme
en una ocasión forzosa,
donde me va por lo menos
opinión, interés y honra.

DON ÍÑIGO	Y ¿es la ocasión?
DOÑA JERÓNIMA	Heme opuesto, por los que se me apasionan, a la cátedra de vísperas de medicina.
DON ÍÑIGO	¡Animosa resolución!
DOÑA JERÓNIMA	Siguemé la juventud que me abona, y algunos graves del claustro, que son los que solos votan. De oposición leo mañana: apadríneme aquella hora vueselencia y sus amigos; será cierta mi vitoria.
DOÑA ESTEFANÍA	Pues, ¿qué hará mi padre en eso?
DON ÍÑIGO	Iré yo, mi casa toda y cuantos títulos tiene

                        esta corte; y si os importa
                        hablar votos . . .

DOÑA JERÓNIMA   Eso no;
                        mi justicia, señor, sola
                        es de quien he de valerme;
                        que los sabios no sobornan.
                        Guarde Dios a vueselencia
                        en vida de mi señora,
                        y del señor Don Martín.

                    (Aparte a DON ÍÑIGO.)

                        Una palabra aquí a solas.
                        Vueselencia no la trate
                        en este tiempo de bodas;
                        que aunque a Don Gaspar se inclina,
                        cualquiera acción imperiosa,
                        en tiempo que es tan enfermo
                        y en complexión melancólica,
                        cansa la imaginativa,
                        y es fuerza que descomponga
                        la sangre y dañe al cerebro.
                        Alma quieta y vida ociosa
                        piden tiempos apestados.

DON ÍÑIGO   Pondráse todo por obra.
                        Volved a la noche a verla.

DOÑA JERÓNIMA   Lo que he dicho cene y coma,
                        y adiós.
                        (Vase.)

DOÑA ESTEFANÍA   Traed vuestra hermana
                        a verme, dotor Barbosa.

            (Vanse DOÑA ESTEFANÍA y DON MARTÍN.)

[Escena IX]

DON GASPAR, DON ÍÑIGO, DON RODRIGO.

DON ÍÑIGO   Es notable habilidad.

DON RODRIGO   ¡Lucidos años por cierto
                en tal juventud!

DON ÍÑIGO   Su acierto
                es tanto en esta ciudad,
                    que a él solo se le atribuye
                la común salud que goza.

DON GASPAR   Con todo eso, edad tan moza
                en medicina no arguye
                    seguridad al temor,
                si es adagio verdadero
                que ha de ser mozo el barbero
                y con canas el dotor.

DON ÍÑIGO   Dícenlo por experiencia
                que adquieren maduros años;
                pero excusan desos daños
                el estudio y la asistencia;
                    todo el ingenio lo pasa.
                Él tiene grande opinión
                aquí, y yo satisfacción
                de que visite mi casa.
                    Ved en doña Estefanía
                comprobada esta verdad.

DON RODRIGO   Mucho hace la voluntad
                del enfermo, cuando fía
                    del médico su salud,
                si tiene fe en él.

DON GASPAR   Pues yo
                no le diera el pulso.

DON ÍÑIGO	¿No?
	¿Por qué?
DON GASPAR	Es mucha juventud
	para el estudio y desvelos
	que pide su ciencia.
DON ÍÑIGO	Mal
	le queréis.
DON GASPAR	(Aparte.)
	Será señal
	de que me abrasa de celos.
DON ÍÑIGO	¿Qué os ha hecho?
DON GASPAR	¿Qué? Pues, ¿puede
	hacerme a mí mal, señor,
	una pizca de dotor?
DON ÍÑIGO	¡Y cómo!
DON GASPAR	¿A mí?
DON ÍÑIGO	Cuando os vede
	la cosa que más amáis,
	conoceréis que es cruel.
DON GASPAR	Si no me curo con él,
	¿qué ha de vedarme?
DON ÍÑIGO	No estáis
	en el caso, y es forzoso
	el notificaros yo
	lo que aparte me ordenó.
	El tiempo anda peligroso,
	y todo ánimo ocupado
	la salud llega a ofender;
	ya sabéis que la mujer
	no tiene mayor cuidado
	que el casamentero ...
DON GASPAR	Sí.

DON ÍÑIGO   En llegando a tratar desto,
                  hasta el sueño le es molesto.
                  Dice, pues, que como os di
                      palabra de yerno, en ella,
                  puesto que os tiene afición,
                  aquesta imaginación
                  con su sosiego atropella;
                      y que la sangre que cría
                  -como es sutil y ligera
                  y el tiempo enfermo-se altera
                  y para en melancolía:
                      que mientras la peste pasa,
                  desta pena la excusemos,
                  en divertirla tratemos,
                  y que vos la habléis con tasa;
                      que ociosa y entretenida
                  podrá conservar mejor
                  para otro tiempo su amor.
                  Ya veis, si estimáis su vida,
                      que esta receta es forzosa:
                  así lo podéis hacer,
                  porque yo he de obedecer
                  en todo al dotor Barbosa.
                  (Vase.)

[Escena X]

DON GASPAR, DON RODRIGO.

DON RODRIGO   (Aparte.)
                      Y yo por esa receta
                  mil gracias a darle voy;
                  con celos amando estoy,
                  pasión, si loca, discreta.
                      Pues hablarla le limita,
                  yo le debo este favor;

>   visitemos al dotor,
>   celos, que a mi bien visita.

(A DON GASPAR.)

>   Todo lo que se dilata
>   en amor de prometido,
>   trae, don Gaspar, añadido
>   de gusto: curarse trata
>   triste vuestra prenda hermosa;
>   si su dueño habéis de ser,
>   paciencia, y obedecer
>   en todo al dotor Barbosa.
>   (Vase.)

[Escena XI]

DON GASPAR.

DON GASPAR
>   Para confirmar temores
>   desta sospecha homicida,
>   basta y sobra el ver que impida
>   el médico mis amores.
>   Mi dama es toda rigores,
>   puesto que afable y piadosa,
>   premiaba mi fe amorosa.
>   ¿Qué mucho? Es al fin mujer.
>   Celos, ya empieza a temer
>   mi amor al dotor Barbosa.
>   Cuando no le ve, está triste,
>   y, en viéndole, toda es gozo;
>   él es despejado y mozo;
>   cúrala, a su pulso asiste;
>   poco la sangre resiste,
>   si la ocasión la provoca;
>   si llega y arterias toca,
>   comunicaréle penas;

¿quién vió que amor por las venas
hablase, y no por la boca?
　　Que la vaya a ver me quita,
porque de mí se divierta,
patente para él la puerta
que para mí se limita.
¡Él una y otra visita,
y a mí tanta privación!
Médica jurisdicción,
malicioso estoy: ¿qué quieres
de ocasiones y mujeres,
ella mujer, tú ocasión?
　　¡Oh médicos, que inhumanos
con los cuerpos sois, dejad
las almas con libertad,
que ya perseguís tiranos!
Dos veces le dió las manos,
y a tocarlas le importuna;
envidie amor su fortuna,
y llorad, desdicha, vos.
¡Él manos de dos en dos!
¡Yo con celos, y ni aun una!
　　Forzaránme mis desvelos
a hablarle, y no dispensando
retiros que estoy dudando,
vengaránse mis recelos.
No hay médicos para celos,
que es incurable y furiosa
la pena que los acosa;
parta visitas conmigo,
o llámeme su enemigo
desde hoy el dotor Barbosa.
(Vase.)

[Escena XII]

[Una calle de Coimbra.]

(DOÑA JERÓNIMA, de mujer, y QUITERIA, ambas con mantos.)

DOÑA JERÓNIMA
    Quiteria mía, esto pasa;
sólo descanso contigo:
nuevamente mi enemigo
por dama nueva se abrasa.
Nuevamente está por mí
loca doña Estefanía;
y, nueva la pena mía,
es viejo mi frenesí.
    Todo se imposibilita:
don Gaspar, ciego, apetece
voluntad que le aborrece;
su dama en esto le imita,
    pues amándome ya ves
cuán incurable es su mal;
amo yo con pena igual,
y engañámonos los tres.
    ¿Cómo hallaré la salida
de tan encantada Creta?

QUITERIA
Si no la da algún poeta,
no la esperes en tu vida.
    ¡Buen fin a nuestro viaje
ha dado tu ciego amor,
buena disculpa a tu honor,
buen fin a nuestro viaje!
    Don Gonzalo está en Pamplona
peleando, y cuanto gana,
echando a perder su hermana;
yo no sé de qué blasona
    la ciencia en que te señalas,
si a tal locura te obliga;
pero diré que a la hormiga

       por su mal te nacen alas.
         Tú en Coimbra en opinión
de otro Galeno, no hay hombre
que en viéndote no te nombre
«el Hipócrates capón».
         Visitas a bulto, y ganas
dineros restituibles;
haces curas imposibles;
matas veinte, cuatro sanas.
         Ya sabes andar a mula;
ya tiras, que es lo mejor,
gajes de un embajador;
ya en paredes te rotula;
aunque en esto decir puedes
que a la vergüenza te saca
tu fama, y de puro flaca,
la pegan a las paredes.
         Das en querer catedrar
de vísperas o maitines,
con que médicos ruines
no te acaban de envidiar,
         sin que haya en ellos quien hable
en favor de tus recetas;
que en médicos y en poetas
la envidia es sarna incurable.
         Y para aliñarlo agora,
finjes que una hermana tienes,
y que a recibirla vienes;
quiere verla tu señora,
         y aunque a todos satisfaces,
nunca acabas de mirar
que en alguno te has de errar,
si tantos papeles haces.

DOÑA JERÓNIMA   ¿Ves todo eso? Pues de todo
habemos de salir bien.

QUITERIA	Ruego al cielo que no den con nosotras en el lodo. ¿Dónde vamos de mujeres?
DOÑA JERÓNIMA	A ver a la Estefanía, causa di la pena mía.
QUITERIA	Pues, ¿qué es lo que enredar quieres
DOÑA JERÓNIMA	Ello dirá.
QUITERIA	Don Gaspar es aquél, y su criado.
DOÑA JERÓNIMA	Tápate.
QUITERIA	Ya me he tapado. (Tápanse.)

[Escena XIII]

Salen DON GASPAR, TELLO.-DOÑA JERÓNIMA.
QUITERIA.

TELLO	(Hablando aparte con su amo al salir.) Sospecho que ha de posar allí, de donde salieron las sebosas embozadas.
DON GASPAR	¿También hay acá tapadas?
TELLO	De Castilla lo aprendieron.
QUITERIA	Nuevas tramoyas comienzan.
TELLO	Ya aguardan; hablarlas puedes.
DON GASPAR	Dios guarde a vuesas mercedes.
DOÑA JERÓNIMA	Fidalgo, os anjos vos bençam.
TELLO	¡Los ajos han de vencer! Pues aquí, ¿somos villanos?

DON GASPAR	Calla.
TELLO	Somos castellanos, y allá no se usa comer sino entre rústicos bajos, ese cavador manjar.
DON GASPAR	En fin, ¿no quieres callar?
TELLO	¿Por qué han de vencer los ajos?
DON GASPAR	Los ángeles, majadero, nos bendigan, dice.
TELLO	Ansí... ¿Los ángeles? Eso sí.

(Saca una mano sin guante DOÑA JERÓNIMA.)

DON GASPAR	¡Ay! ¡qué mano!
TELLO	(Aparte a su amo.) De mortero. Enséñanlas las hermosas que en nuestra Castilla están; considera tú qué harán, siendo aquí todas sebosas.
DOÑA JERÓNIMA	Deixai-nos passar diante; *que temos presa.*
DON GASPAR	Esperad, y primero me avisad si es la cara semejante a esa mano; que ha mil días que no la he visto tan bella.
DOÑA JERÓNIMA	Ainda melhor.
DON GASPAR	¿Mejor que ella?

DOÑA JERÓNIMA	Naon me enjeitam zombarias. *Ficai, fidalgo, com Deos;* *que naon falo castelhanos.*
DON GASPAR	Ni yo busco sino manos que ansí hechizan los deseos. Si es igual vuestra hermosura, deme esa mano un favor.
TELLO	Come manos mi señor, que es amante de grosura.
DON GASPAR	Calla, necio.

(A DOÑA JERÓNIMA.)

   Demos traza
de que yo dos dedos vea
de cara; que me recrea
vuestro aire.

DOÑA JERÓNIMA	¡Tamanha graça! ¿Vindes doudo?
DON GASPAR	Loco vengo, y de pérdida, por Dios. ¿Queréis despicarme vos? Amor a una dama tengo con muchos inconvenientes.

DOÑA JERÓNIMA	Se fore desengraçada,
	enfadadiza, escoimada,
	vos lhe arreganhai os dentes,
	   e agachar-se-vos ha logo,
	porque con mimos ninguem
	de nosoutras quere bem.
	Assentai com ella e jogo
	   desde hoje assi, e naon cureis
	de mais çà, nem de mais là.

DON GASPAR	Quien tales consejos da, diestra está en amar. ¿Queréis

	autorizar con la cara tan sazonado consejo?
DOÑA JERÓNIMA	¡Oh! ¡que enfadonho e sobejo!
TELLO	(A QUITERIA.) Quítenos esa antiparra también acá, y muestre a ratos ríbetes vuestra hermosura. Destápate, ninfa escura.
QUITERIA	Tirai-vos là, esfola-gatos.
TELLO	Afrentóme. Hola, señor, en lenguaje portugués, *esfolagatos*, ¿qué es?
DOÑA JERÓNIMA	Deixai-nos ir.

DON GASPAR	A un dotor
	    buscaba, que vive aquí;
	mas después que os llegué a ver,
	pienso que no es menester.
	De cuantas bellezas vi
	    en esta corte, ninguna
	cuidado de amor me da,
	y no sé qué me hace acá
	vuestro donaire; sólo una
	    hablé en Sevilla, tapada,
	que se os parece no poco
	en el talle; mi amor loco
	de medios ojos se agrada.
	    ¡Ay si fuésedes tan bella
	como voy conjeturando!
	Si por vos fuese olvidando
	el desdén que me atropella,
	    si mi amor que a ciegas anda
	se quedase en Portugal,
	si fuésedes principal,
	si cariñosa, si blanda,
	    ¡qué bien mi suerte se aliña!

	¡qué bien mi amor se mejora! Descubrid el sol, señora; acabad.
DOÑA JERÓNIMA	¡Ai mana minha!
DON GASPAR	Perdonad mi desvarío.
DOÑA JERÓNIMA	¡Naon me deis enfadamento!
DON GASPAR	Lastimaos de mi tormento.
DOÑA JERÓNIMA	Pois eu, fidalgo, parí-o?
DON GASPAR	No mn paristes; mas sé que habéis de ser contrayerba de una voluntad proterva, que desconoce mi fe. Su despego me desmaya; en desdén favores trueca, y aunque es hermosa, es muy seca.
DOÑA JERÓNIMA	¿É seca? Pois vos regaia.
DON GASPAR	Haced lo que os tengo dicho; que si deste golfo salgo por vos, a fe de fidalgo y caballero ...
DOÑA JERÓNIMA	¡Bom bicho!
DON GASPAR	Que si al talle y al olor la calidad y belleza corresponde, si nobleza tenéis, que mude de amor, y de un mayorazgo os haga dueño, que en Castilla heredo.
DOÑA JERÓNIMA	¿Morgado tendes?
DON GASPAR	Toledo de sus propios me lo paga.

DOÑA JERÓNIMA	De maneira esconjurando *falais, que por derradeiro,* *a facer o que naon queiro* *forgais; vindi-vos chegando.* (Apártanse los dos.)
TELLO	(Aparte.) —¡Miren allí qué meollo! Tantas quiere cuantas ve—
(A QUITERIA.)	Yo contigo, ¿no podré tantico?
DOÑA JERÓNIMA	Catai-me este olho.
TELLO	(A su amo.) ¿Ojos catas? ¿es melón?
DON GASPAR	¡Qué hermoso, negro, rasgado! ¡qué risueño! ¡qué alentado! No tiene comparación el sol con él.
DOÑA JERÓNIMA	Pois catai *estoutro.*
DON GASPAR	Entre dos hermanos tan bellos, y en tales manos, me pierda yo.
DOÑA JERÓNIMA	Pois olhai . . . *mas naon, que é meu irmaon aquelle.* *Martinha, entremos em casa.*
DON GASPAR	¿Vuestro hermano?
DOÑA JERÓNIMA	Olhai; lá passa.
DON GASPAR	¿El dotor?
DOÑA JERÓNIMA	Meu irmaon é elle.
DON GASPAR	¡Hay tal cosa!

DOÑA JERÓNIMA	Cavalleiro, *se naon cuidais d'outra boda,* *mostro-vos a cara toda.* *Olhai, que muito vos queiro.* (Descúbrese toda la cara y vase.)
DON GASPAR	Cara con tal circunstancia, de mi amor es piedra imán.
TELLO	(A QUITERIA.) ¿Vaste?
QUITERIA	A ruar. (Vase.)
TELLO	¿A Ruan? Ésos son pueblos en Francia.

[*Escena XIV*]

DON GASPAR, TELLO.

DON GASPAR	Tello, esta mujer me ha muerto. Desde el punto que la vi tapada, el alma la di, y ya que se ha descubierto, mil almas tener quisiera que ofrecerle cada día.
TELLO	Pues de nuestra Estefanía, ¿qué has de hacer?
DON GASPAR	Echarla fuera.
TELLO	¿Y de doña Micaela?
DON GASPAR	Desterrarla por tirana.
TELLO	¿Y de nuestra sevillana?
DON GASPAR	Ni la vi, ni me desvela.

TELLO	¿Y estotra?
DON GASPAR	Triunfa imperiosa. Es serafín, no es mujer.
TELLO	Luego, ¿habremos menester desde hoy al dotor Barbosa?
DON GASPAR	A darle quejas venía; mas ya gracias le daré por la hermana en quien mudé memorias de Estefanía. ¿Hay tal mano, rostro tal, tal lengua, tanto donaire? Todo lo demás es aire con damas de Portugal.
TELLO	Del de tus cascos me avisas, según a todas acudes. ¡Bueno es que en un año mudes tres mujeres! ¿Son camisas?
DON GASPAR	Ellas ocasión me han dado.
TELLO	Y ¿haste de casar con ésta?
DON GASPAR	¿Qué sé yo? Si es tan honesta como hermosa...
TELLO	Estás picado; duerme primero sobre ello, y advierta tu ciego amor que es hermana de un dotor.
DON GASPAR	Mejor dirás ángel, Tello.

[Escena XV]

Salen DOÑA JERÓNIMA, de doctor, y DON RODRIGO.- DON GASPAR, TELLO.

DOÑA JERÓNIMA (A DON RODRIGO.)
También es enfermedad
el amor, y aunque es afeto
del alma, cuyo sujeto
es, señor, la voluntad,
    como obra por instrumentos
corporales, y es pasión
que asiste en el corazón,
suelen los medicamentos
    hallar cura en la experiencia;
que el alma espiritüal,
presa en el campo mortal,
obra siempre a su presencia.
(Tómale el pulso.)
El pulso tenéis amante;
si Erasistrato viviera,
fácilmente os conociera;
mas si el mal fuese adelante,
    medios refrigerativos
habrá que este daño aplaquen,
sangrías que el fuego saquen,
y antídotos curativos.

DON RODRIGO   En la pasión que me abrasa
guardad silencio, dotor.

DOÑA JERÓNIMA El médico y confesor
son mudos.-¡Junto a mi casa
    tal bien, señor don Gaspar!
(Llegándose a él.)
Téngase por venturosa.
¿Qué mandáis?

DON GASPAR Dotor Barbosa . . .

TELLO	(Aparte.) Barbosa, mas sin barbar.
DON GASPAR	De vos sólo mi esperanza, mi vida y mi amor se fía.
DOÑA JERÓNIMA	Eso a doña Estefanía.
DON GASPAR	(Hablando aparte con TELLO.) No he visto tal semejanza.
TELLO	Si son hermanos, ¿qué mucho?
DOÑA JERÓNIMA	Mataréisla si este mes la habláis; tiempo habrá después.
DON GASPAR	Tengo que hablaros.
DOÑA JERÓNIMA	Ya escucho.
DON GASPAR	Pero imposibles intento; que os tengo por enemigo. ¿Tiene también don Rodrigo qué le curéis?
DON RODRIGO	No me siento bien dispuesto de hoy acá.
DON GASPAR	La peste pone temor.
DON RODRIGO	(Aparte.) -¿Qué peste como el amor?-
DON GASPAR	¿Vais a casa?
DOÑA JERÓNIMA	Voy allá.
DON GASPAR	¡Qué dello os he menester!
DOÑA JERÓNIMA	La Estefanía os apura.
DON GASPAR	No, dotor, mi muerte y cura tenéis en casa.
DOÑA JERÓNIMA	A entender os dad.

DON GASPAR	Son ansias secretas.
TELLO	Deben de ser almorranas.
DOÑA JERÓNIMA	Drogas enfermas y sanas tiene mi ciencia en recetas. Mirad que me habéis de honrar los dos en mi oposición, porque me va la opinión.
DON RODRIGO	Pues, ¿eso habéis de dudar?
DOÑA JERÓNIMA	Venid.
DON GASPAR	(Aparte.) ¡Notables sucesos!
TELLO	Sepa, señor dotor tilde, que en la parte más humilde me matan nueve diviesos.
DOÑA JERÓNIMA	Pues luego al punto se sangre.
TELLO	Son postemas.
DOÑA JERÓNIMA	Sospechosas. Echaos luego cien ventosas, sacaos veinte onzas de sangre.
TELLO	Ésas, ¿son onzas, o tigres? ¡Veinte! ¡y cien ventosas!
DOÑA JERÓNIMA	Sí.
TELLO	¿Soy yo buey?
DON GASPAR	Tello, hazlo ansí, si quieres que no peligres.
TELLO	¡Cuerpo de Dios! ¡veinte y ciento! No habrá, recetas barbosas, viento para cien ventosas en cien molinos de viento.

ACTO III

[Escena I]

[Salón del real Alcázar de Coimbra.]

(EL REY DON MANUEL, DOÑA JERÓNIMA, a su izquierda, con capa, gorra y muceta amarilla, y sobre la gorra borla del mismo color; DON GASPAR, DON ÍÑIGO, DON MARTÍN, DON RODRIGO, TELLO y Acompañamiento del rey.)

(Suenan dentro vítores y música.)

DOÑA JERÓNIMA Mezcla vuestra majestad
lo grave con lo apacible,
causando amor y respeto
al soberbio y al humilde,
y en mí eterna obligación
de que estudios le dedique,
con que, honrándome, celebre
merced tan nueva y insigne.

EL REY Dotor, vuestras muchas letras
en años tan juveniles
merecen que yo las honre,
porque los demás se animen.
La cátedra que llevastes,

                y soluciones sutiles
                que soltaron argumentos,
                es justo que se confirme
                con que en mi cámara entréis,
                y desde hoy el pulso os fíe
                la reina, en cuya salud
                la de Portugal consiste.
                Dotor de cámara sois.

TELLO   (Aparte con su amo.)
                     Si a mí me hicieran de orines . . .

DON GASPAR   ¡Ah, necio!

TELLO   Pues ¿qué tenemos?
                     Veráslo si me hace el brindis.

DOÑA JERÓNIMA Deme esos invictos pies
                     vuestra alteza, y los felices
                     siglos de la antigüedad
                     en vos nuestra España admire.
                     Más precio vuestra alabanza,
                     que las que historias escriben
                     dió a Galeno Marco Aurelio:
                     aunque Atenas sacrifique
                     a Hipócrates por su dios,
                     mientras estatuas le erige,
                     que en oro honren su areópago,
                     aunque Justiniano estime
                     a Oribasio por su Apolo,
                     y con Octaviano prive
                     su médico Antonio Musa,
                     con Alejandro Felipe,
                     no igualan a las mercedes,
                     gran señor, que se me siguen
                     de vuestra real alabanza;
                     mas como Séneca dice:
                     aquél *qui laudandum laudat,*
                     se ipsum laudat.

| TELLO | (Aparte.)
Con latines
nos dan la muerte afeitada
aquestos engaña-simples. |
|---|---|
| REY | Id a visitar la reina,
dotor, desde hoy; que está triste,
y tengo en vos mucha fe. |

(Vase EL REY con su acompañamiento.)

DOÑA JERÓNIMA	Nuevos orbes se os humillen.

[Escena II]

DOÑA JERÓNIMA, DON GASPAR, DON ÍÑIGO, DON RODRIGO, MARTÍN, TELLO.

| DON ÍÑIGO | Gocéis la plaza, dotor,
muchos años, que autoricen
la cátedra vitoriosa,
que hoy justamente os recibe. |
|---|---|
| DOÑA JERÓNIMA | No esperaba menos suerte
quien a vuescelencia sirve,
pues siendo yo su criado,
era forzoso seguirse
tal dicha tras tal favor. |
| DON ÍÑIGO | Ni será razón se olvide
por los cargos de palacio
la salud que en vos consiste
de Estefanía. |
| DOÑA JERÓNIMA | ¡Jesús,
señor! ¿Eso ha de advertirme
vuescelencia, cuando sabe |

| | lo que medro yo en servirle? |
| | Al momento parto a verla. |

DON ÍÑIGO No quiere que la visite
 otro médico; pagalda
 la fe que os tiene.

DOÑA JERÓNIMA Ni impiden
 estorbos obligaciones.
 Yo espero restituirle
 a vuestra excelencia el gusto
 que su salud le apercibe.

(Vase DON ÍÑIGO.)

DON MARTÍN La de prima gocéis presto,
 señor dotor.

DOÑA JERÓNIMA Porque estimen
 más a quien es vuestro esclavo.

(Vase DON MARTÍN.)

[Escena III]

DOÑA JERÓNIMA, DON GASPAR,
DON RODRIGO, TELLO.

DON GASPAR Y porque yo participe
 de vuestras dichas también
 como espero, aunque no os dije
 cosas que en orden a esto
 será razón que os obliguen,
 deseo yo vuestras medras.

DOÑA JERÓNIMA Ya entiendo. Si lo permite
 el tiempo, que ya mejora,

	aunque desde ayer no vistes vuestra dama, yo os prometo que la ausencia que os aflige, dure poco. No os dé pena que por hoy os la limite.
DON GASPAR	¡Qué mal tomáis a mi amor el pulso, pues que no os dice cuán diversos accidentes son ocasión que se entibien memorias desa persona!
DOÑA JERÓNIMA	Aunque el dotor pronostique, cuando es sabio, no sé yo que haya alguno que adivine. Si me habláis escuridades...
DON GASPAR	Es mi voluntad esfinge: ella se declarará, si a solas queréis oírme.
DOÑA JERÓNIMA	Por hoy tengo ocupaciones catedráticas; decidme mañana lo que gustéis, porque dese mal os libre.
DON GASPAR	¡Largo plazo!, pero, vaya. (Vase.)

[Escena IV]

DOÑA JERÓNIMA, DON RODRIGO, TELLO.

| TELLO | Dotor para con chapines,
que con la amarilla borla
puede llamarse Amarilis,
en mí los tales diviesos
son de linaje de chismes,
que unos van naciendo de otros, |

	y me abrasan los cojines. No hay en todo Portugal vidriero que se obligue a labrar tanta ventosa, como mandáis embestirme. Pues si de sangre me sacan veinte onzas, o veinte tigres, la cuba de Sahagún se despulsará: aforisme vuesamerced cien cerotes que el orbe me circulicen, así esa cara barbeche, y salga tenor de tiple.
DOÑA JERÓNIMA	Que me place, señor Tello, la parte lesa se bizme con unos polvos que atajen el dolor.
TELLO	Pues polverice. ¿Cuántos, y de qué?
DOÑA JERÓNIMA	Seis onzas de pimientos.
TELLO	¡Puto!
DOÑA JERÓNIMA	Piquen medianamente, de modo que en breve los cautericen, porque son ramo de peste; y juntamente se aplique de alumbre con albayalde un adarme, y de salitre seis escrúpulos.
TELLO	Por Dios, dotor, que no escrupulices, si tienes buena conciencia, remedios que me acribillen.
DOÑA JERÓNIMA	Pues morirá de otro modo.

TELLO	¡Pimientos! ¿Soy yo caribe? ¡Yo albayalde! ¿Tengo usagre? ¿Quién vió salitrar cuadriles?
DOÑA JERÓNIMA	Haga lo que yo le ordeno, y a mi cuenta.
TELLO	Cicatrice rezagos de Tamorlán. ¿Quién tales emplastos pide? ¡Salitre! ¿Soy yo arcabuz? ¡Pimientos! ¿Soy yo cacique? ¡A-lumbre yo, y no de pajas! ¡Fuego en médicos meñiques! (Vase.)

[Escena V]

DOÑA JERÓNIMA, DON RODRIGO.

DON RODRIGO	Entre tantos parabienes, si no es que se desestimen los míos por ser postreros, bien merecen preferirse a los demás, pues sabéis que no hay quien se regocije como yo con vuestras honras desde que a esta corte vine. En fe pues destos deseos, y albricias de que os sublime el cielo a pulsos de altezas, que rijáis años felices, bien será, dotor Barbosa, que de la pasión que os dije, y por instantes me abrasa, vuestra experiencia me alivie. Vine, vi y amé celoso.

| DOÑA JERÓNIMA | Eso es, porque simbolice
con lo que a Roma escribió
César: *veni, vidi, vici*. |
| --- | --- |
| DON RODRIGO | Amé, en fin, tan brevemente,
que juzgo por imposible
que sea amor el que me quema;
porque si el amor consiste
en reiterar asistencias,
comunicar apacibles
simpatías, y primero
es forzoso que se incline
una alma, y que poco a poco
venga el fuego a introducirse
por previas disposiciones
que las contrarias resisten,
¿cómo podré yo, dotor,
en un instante rendirme
a unos ojos, que tan presto
me hicieron su combustible? |
| DOÑA JERÓNIMA | Filósofo habláis. Sabed
que amor, que en la vista asiste,
es tal vez fascinación,
y ésta, tarde o nunca admite,
si halla el sujeto dispuesto,
dilaciones; porque el lince
en un instante penetra
impedimentos visibles.
Llegan, mediante la luz,
especies, que se dirigen
por los rayos visuales
al objeto, y dél reciben
la calidad contagiosa
que al retroceder admiten
los ojos con los retratos
que traen para que los mire.
Luego, el sentido común
manda que se depositen, |

digámoslo así, en su sala,
donde materiales viven.
Toda esta acción es corpórea:
llega luego el alma y pide
al entendimiento agente
que las inmaterialice,
y vuelva espirituales;
que como no se las guise
a su modo y proporcione,
ni las digiere, ni admite.
Formada la intelección,
la voluntad, que es quien rige
todo el hombre, como reina,
o la reprueba o elige.
Destas dos operaciones,
la primera se divide
desotra, por ser corpórea:
la que en los ojos asiste,
en un instante retrata
lo que la mandan que mire,
volviendo con las especies
que de lo que vió se siguen.
Si el objeto que miró
era hermoso, apetecible.
y conformidad de estrellas
causan a que se le incline
el natural apetito
que está en la concupiscible,
al momento lo desea,
si estorbos no se lo impiden.
La voluntad, que del alma
es potencia noble y libre,
viendo espiritualizada
la imagen con que la sirven,
produce luego el amor,
sin que los astros la obliguen,
con la apariencia del bien,
que es el objeto que sigue;
y a este tal, cuando a ella llega,

haciendo que la apadrine
el apetito animal
con cartas de favor, rinde
privilegios voluntarios,
si no es que constante y firme
el albedrío se oponga;
que el sabio siempre resiste.
Como el alma y sus potencias
tienen acciones sutiles
por ser espirituales,
sin que tiempo necesiten,
obran instantáneamente;
y así el amor que las sigue,
puede, según más o menos
es su objeto apetecible,
amar aprisa o despacio;
y quien esto contradice,
ni sabe filosofar,
ni por sabio ha de admitirse.
De modo, que si al instante
que vos vuestra dama vistes,
la amastes, es porque en ella
vinieron a un tiempo a unirse
influencias de los cielos,
simpatías apacibles,
fascinación amorosa,
y proporciones felices.
No han hecho menor efeto
en ella, si he de regirme
por sus pulsos, que pregonan
las prendas que en vos compiten
con las del que se os opone;
pues, desde que os vió, anda triste,
con Don Gaspar intratable,
y con vos menos terrible.
Dejadme a mí el cargo desto:
que aunque yo no vaticine,
no en balde impedí el hablarla
Don Gaspar. Apercebidme

       para guantes cuando estéis
       en altura tan sublime,
       que con título de esposo
       mis curas os maravillen.
       Y adiós, que hay muchos enfermos.
       (Vase.)

[Escena VI]

       DON RODRIGO.

DON RODRIGO   Hazlo tú como lo dices,
       ¡oh médico prodigioso!
       y cuanto quisieres, pide.
       ¡Vive Dios, que ha dicho bien,
       pues desde el punto que vine,
       desdeñando a Don Gaspar,
       con los ojos le despide!
       ¿Mas si a su instancia el dotor
       ha ordenado que le priven
       de hablarla? Bien puede ser,
       pues no sin misterio dice
       que ocasiono su tristeza.
       ¿No es mujer? ¿No me apercibe
       a amarla un dotor tercero?
       Pues él vencerá imposibles;
       que hay médicos in utroque,
       criminales y civiles,
       con billetes por recetas,
       que a amor y a Galeno sirven.
       (Vase.)

[Escena VII]

[Calle.]

(Salen DON GASPAR y TELLO.)

DON GASPAR
En achaque del dotor
vengo a verla.

TELLO
Luego, ¿aun dura
el tema de tu locura?

DON GASPAR
Estoy perdido de amor.

TELLO
Tendrá su achaque de bruja,
y atizará aquesa llama
hasta topar otra dama
que la saque de la puja,
que con ésta ya es la cuarta
que hemos mudado.

DON GASPAR
¿Qué quieres?
Entre todas las mujeres . . .

TELLO
¿Rezas?

DON GASPAR
Sola es Doña Marta
digna de ser adorada.

TELLO
Yo que rezabas creía
por ella el Ave-María.

DON GASPAR
Tello, ¿no es cosa cansada
verte siempre de un humor?

TELLO
Entre todas las mujeres,
dicen, *bendita tú eres*
los que rezan. Si tu amor
da en hereje, ¿qué te espantas?

DON GASPAR	No mezcle tu desatino
lo humano con lo divino.
TELLO	Ni mudes tú damas tantas.
Estamos en tierra ajena;
el recato portugués
con las mujeres, ya ves
que libertades enfrena.
El uso desto te avisa:
toda doncella de casa
no sale hasta que se casa,
ni aun los domingos, a misa.
DON GASPAR	Eso será en las aldeas:
Tello, no son dese porte
privilegios de la corte,
ni tú mi agorero seas.
En su cátedra ocupado
su hermano, me da lugar
de poderla visitar:
ya sabes con el agrado
que corriendo a su hermosura
velos, dijo: *cavalleiro,
olhai, que muito vos queiro*.
Gocemos la coyuntura
de hablarla, y ver si en su casa
es tan agradable y bella
como juzgué al salir della.
TELLO	Por mí vaya, mientras pasa
otra, que en todo distinta,
te pique por despicarte
de estotra, y nos desenmarte:
vendrá a ser la dama quinta.

[Escena VIII]

Sale DOÑA JERÓNIMA, de médico. -DON GASPAR, TELLO.

DOÑA JERÓNIMA
 ¿Segunda vez, Don Gaspar,
en mi barrio, y a estas puertas?
Si en Castilla están abiertas,
dando ocasiones lugar
 que logren sus intereses,
acá las cierra el honor,
porque del modo que amor,
son los celos portugueses.
 ¿Qué pretendéis vos aquí?

DON GASPAR
No tenéis por qué alteraros,
si advertís que vengo a hablaros.

DOÑA JERÓNIMA
Andáis huyendo de mí,
 y rondándome la calle;
sabéis que tengo una hermana;
no quitáis de la ventana
los ojos . . . ¡Muy gentil talle
 para venirme a buscar,
dejarme con Don Rodrigo
agora, y hacer testigo
al que os viere registrar
 mis puertas, de liviandades
que culpen vuestra nobleza!
La castellana llaneza
permite allá ociosidades,
 que por acá lleva mal
la gente menos sencilla.
Mientras no estéis en Castilla,
vivid como en Portugal,
 y hayámonos bien los dos;
que entre libros y recetas,
guarda también escopetas
mi estudio.

TELLO	(Aparte.) ¡Zape! Por Dios que es el dotor desbarbado hombre de sangre en el ojo.
DON GASPAR	Desembarace ese enojo la pena que os he causado, y escuchadme como amigo.
DOÑA JERÓNIMA	¿Qué me podéis vos decir?
DON GASPAR	Si no me queréis oír, mal lo sabréis.
DOÑA JERÓNIMA	Decid.
DON GASPAR	Digo.

    Yo, puesto que no estudié,
si amor es filosofía,
sé que Doña Estefanía
todas las veces que os ve,
    del mal que la desatina
se aligera, y que los dos
entendiéndoos, halla en vos
su médico y medicina.
    De aquí proceden impulsos
de amor más que de tristeza;
de aquí el gastar su belleza
tanto tiempo en daros pulsos,
    que son índices del alma;
el pediros que templéis
fiebres, que vos encendéis;
daros una y otra palma;
    que como consiste en tactos
vuestra facultad, dotor,
el médico y el amor
todo es físicos contactos;
    de aquí, en fin, el limitarme
que la diga mis desvelos,
ya porque vos tenéis celos,

                    ya porque ella en desdeñarme
                    por vuestra causa se emplea.

DOÑA JERÓNIMA   Baste, señor Don Gaspar,
                    que no es noble el maliciar,
                    sino villano en su aldea.
                        Yo soy hombre de opinión,
                    y hasta agora nadie ha habido
                    que haya, cual vos, deslucido
                    la médica profesión,
                        ni la justa confianza
                    que todo el mundo hace della.

DON GASPAR   No sé si yerra en hacella
                    quien sus peligros alcanza.
                        Lo que acabo de deciros
                    no ha sido para ofenderos,
                    sino sólo para haceros
                    mi amigo; y para serviros,
                        pretendo certificaros
                    de cuán poca competencia
                    os ha de hacer mi asistencia,
                    si gustáis aseguraros
                        con que quedemos los dos
                    deudos por afinidad.

DOÑA JERÓNIMA   No os entiendo.

DON GASPAR   La beldad
                    que, retratándoos a vos,
                        puso el cielo en vuestra hermana,
                    tiene en mí tanto poder . . .

DOÑA JERÓNIMA   Pues ¿vístesla vos?

DON GASPAR   Ayer,
                    honrando aquella ventana.
                        Que por no obligar desdenes
                    de quien enferma por vos,
                    quisiera que entre los dos
                    partiésemos nuestros bienes:

yo cediéndoos el derecho
que tengo en Estefanía;
y vos . . . ¿Cómo os dejaría
desta verdad satisfecho?
　　Y vos, en fin, no rehusando
que con medios permitidos,
mientras hacemos partidos
que amoroso voy trazando,
　　supiese la calidad
que el cielo a los dos os dió;
que si, como pienso yo,
hallo en aquesta ciudad
　　quien vuestra limpieza apruebe,
sin que en el dote repare,
cuando esposa la llamare,
hará mi amor lo que debe,
　　habilitándoos a vos;
pues siendo, en fin, mi cuñado,
quedáis más autorizado
para que podáis los dos
lograr vuestros pensamientos,
y más quedando a mi cargo
defenderos.

DOÑA JERÓNIMA　　Cuento largo,
y arena los fundamentos.
Don Gaspar, yo os doy mi fe
que si en la sangre estribara
lo que vuestro amor repara,
aunque médico, no sé
　　quién a quién hace ventaja;
que en la hacienda cierto estoy
que si tan rico no soy,
no es mi fortuna tan baja,
　　que a faltar -mil años viva-
un mi hermano, no adquiriera
mayorazgo que os pudiera
admirar; pero no estriba
aquí la dificultad;

que siendo médico yo
de cámara, ya adquirió
principios mi calidad
    con que atesore intereses;
que aunque entran necesitados,
siempre mueren hacendados
médicos y ginoveses.
    Yo estudié la medicina
por inclinación no más,
sin que intentase jamás
que facultad tan divina
fuese de *pane lucrando*.
En cuanto a esto, es cosa llana
que os estaba bien mi hermana.

DON GASPAR Pues ¿en qué estáis reparando?

DOÑA JERÓNIMA ¿He de decirlo, en efeto?

DON GASPAR No me suspendáis ansí.

DOÑA JERÓNIMA Curo a cierta dama aquí
-por hoy perdone el secreto
    que os tuvo en Castilla un mes
hospedado.

DON GASPAR ¿A mí en Castilla?

DOÑA JERÓNIMA Y de medio ojo en Sevilla
sé yo que os habló después,
    no sé yo en qué gruta o fuente.

DON GASPAR ¿Esa mujer está aquí?

TELLO Bruja es que viene tras ti.

DON GASPAR ¡Válgame el cielo!

DOÑA JERÓNIMA ¡Excelente!
    hombre sois para engañar!

DON GASPAR ¡Yo! ¿Cuándo, cómo, o en qué,
si no la vi, la engañé?

DOÑA JERÓNIMA ¿No la vistes, Don Gaspar?
　　　　Pues si palabra la distes,
por lo menos, de marido;
si los dos Encas y Dido
en amor y engaños fuistes;
　　　si huyendo requisitorias
la dejastes agraviada;
si os siguió, y apasionada
de que olvidéis sus memorias,
　　　por vos a la muerte ha estado,
¿es nobleza, es cortesía
dar a Doña Estefanía
la pena que le habéis dado?
　　　Vos causastes su tristeza:
por eso severa os mira,
os desdeña y se retira,
y no porque su belleza
　　　agravie en tales empleos
como los que maliciáis
en mí: ¡ved cuán bien lográis
esperanzas y deseos!
　　　Según esta información,
¿fiaros mi hermana puedo?
¡Muerto por vos en Toledo
un hombre, sin opinión
　　　por vos Doña Micaela,
con cartas que sin firmar,
la intentaron desdorar!
¡Civil y baja cautela!
　　　¡Una dama sevillana
que vuestros engaños llora,
y una embajatriz agora,
que despreciáis por mi hermana!
　　　Dejáos de burlar bellezas,
y cumplid como cristiano,
caballero y castellano
palabras, contra bajezas
　　　indignas de sangre tal,
antes que noticia den

a quien, cuando no por bien,
os haga casar por mal.
(Vase.)

[Escena IX]

DON GASPAR, TELLO.

DON GASPAR ¿Qué es esto, Tello? ¿Qué es esto?

TELLO ¿Qué sabe Tello? ¿Qué sabe?
Si tú tiraste ese cabe,
cumple el juego y paga el resto.
 ¡Bueno es que en Castilla goces
dama, sin saberlo yo,
que en el Alcázar te habló,
que vino aquí, y me des voces!

DON GASPAR ¡Yo en Castilla! ¡Yo gozar!
¡Yo hospedado della un mes!

TELLO Gallo en damas, y después
gallo en el no te acordar.
 No es mucho lo que te importo.
¡Sin mí, y en tal ocasión!
Cinco ya las damas son;
no darás cinco de corto.

DON GASPAR ¿Vióse testimonio igual?

TELLO Cumple palabras, no den
cuenta a quien, si no por bien,
nos haga casar por mal.

[Escena X]

Sale QUITERIA. -DON GASPAR, TELLO.

QUITERIA (A DON GASPAR.)
*Fidalgo, minha senhora
da janela vos escuita,
e vos tem vontade muita:
tomai e ficai embora.*
(Dale un papel y vase.)

TELLO ¿Qué es frisar en borra aquí?

DON GASPAR Dióme la moza un papel.

TELLO Frisa y borra vendrá en él.

DON GASPAR O yo estoy fuera de mí,
o algún embeleco es éste.
¿Yo palabra? ¿Yo hospedado . . . ?

TELLO Debe de andar encantado
el mundo en tiempo de peste.
¿No lees?

DON GASPAR El cielo socorra
mi seso.

TELLO Si da con él.

DON GASPAR ¿Yo palabra?

TELLO Abre el papel,
y busca la frisa y borra.

DON GASPAR (Lee.)
*Tudo quanto vos fallou
meu irmaon, vos hei ouvido
pelo furaco escondido
da chave; se vos bradou,
naon temais, que vossa sou.
homem é o doutor mofinho;*

> *zombai do seu escarninho,*
> *pois sois fidalgo galante,*
> *e vinde -cá d'hoje avante*
> *se vos prace serdes minho.*
>
> ¡Qué dulce y tierno papel!

TELLO
Derrítese el sebo luego.

DON GASPAR
¿Entiéndesle?

TELLO
Como a un griego.

DON GASPAR
Un almíbar es todo él.

TELLO
Deja, probaré a entenderle.
(Lee.)
Turrón cante ...

DON GASPAR
¡Qué ignorante!

TELLO
Esto es turrón de Alicante.

DON GASPAR
Anda, necio: oye leerle.

(Vuelve a leer DON GASPAR.)

> *Tudo quanto vos fallou*
> *meu irmaon, vos hei ouvido ...*

TELLO
¿Qué dice?

DON GASPAR
Que a lo escondido
nos ha escuchado.

TELLO
Fallou
 ¿es esconderse? Ya saco
poco a poco su sentido.

DON GASPAR
 (Lee.)
Pelo furaco escondido.

TELLO
¡Malo! ¿Escondido y urraco?
 Ésa es pulla, vive Dios.

DON GASPAR
¿Qué pullas, desatinado?

TELLO	Lo mismo es que vil honrado. Entendéos allá los dos, porque yo, no hay darle alcance. ¡Furaco escondido! ¡Fuego! ¿Mas que te han de quemar luego?
DON GASPAR	Oye: leeréle en romance. (Lee.) «Cuanto mi hermano os habló agora, todo lo he oído por el espacio escondido de la llave: si os riñó, no importa; vuestra soy yo: es mal acondicionado; burláos dél, aunque enojado, pues sois vos, en fin, mi amante, y vedme de hoy adelante, si mi amor os da cuidado.»
TELLO	Aun así no es tan bellaco, puesto que algo libre viene; mas eso ¿qué diablos tiene que ver con blandón y urraco?

[Escena XI]

Salen DOÑA JERÓNIMA y QUITERIA, de mujeres a lo castellano, cubiertas. -DON GASPAR, TELLO.

DOÑA JERÓNIMA	(Aparte con su criada.) Cúbrete bien, no te vea la cara.
QUITERIA	Sáquenos Dios destas cosas.
DON GASPAR	Estas dos ¿no son las que ver desea mi amor?

TELLO	Ésta es la criada, que es lo que me toca a mí.
DON GASPAR	¿No es Doña Marta?
TELLO	No, y sí: no, porque es carta cerrada; y sí porque el sobrescrito muestra que es suya la letra.
DON GASPAR	Todo mi amor lo penetra. ¡Mi Doña Marta!
DOÑA JERÓNIMA	Quedito, hidalgo, y con cortesía.
TELLO	¡Castellano habla, por Dios!
DON GASPAR	¿No sois Doña Marta vos?
TELLO	¿Y tú la Martiña miña? Como vemos la basquiña, el frontispicio veamos, y mi amo y yo conozcamos a la Marta y la Martiña; que si enseñas los ojetes antes que de aquí me parta, tú Martiña, y tu ama Marta, y nosotros martinetes, de ver medios ojos hartos, vendrá nuestro San Martín, Martina, en martes; y en fin, seremos peña de Martos.

(La va a descubrir, y ella le da un bofetón.)

QUITERIA	Arre allá.
TELLO	Carrillos barre. ¡Ay! Quebróme una mejilla. Con un *jo* topé en Sevilla,

    y aquí me sacude un *arre*.
      Jo debe de ser la herencia
que mi padre me dejó,
jo la mano que aojó,
jo toda mi descendencia,
jo yo en el talle y aliño,
jo el planeta que me apoya;
dime, pues eres mi joya:
a jo, a jo, y seré tu niño.

DOÑA JERÓNIMA   (A DON GASPAR.)
    No soy la que imagináis,
aunque de su casa salgo.
Yo nací en Toledo, hidalgo:
en ella, si os acordáis
-que no haréis-, os tuve un mes
por mi huésped regalado,
en Sevilla descuidado
y en Portugal descortés.
      Cumplid como hombre promesas
a inocencias toledanas,
o, pues burláis castellanas,
no deshonréis portuguesas,
      y corresponded leal,
antes que noticia den
a quien, cuando no por bien,
os haga casar por mal.

(Vase con QUITERIA.)

[Escena XII]

DON GASPAR, TELLO.

TELLO   Por Dios, que prosigue estotra
el tema de su sermón.

DON GASPAR	¡Jesús! ¿Qué es esto?
TELLO	Visión. No aguardemos que salga otra y haya tercera papilla.
DON GASPAR	No lo acabo de entender.
TELLO	En el aire, la mujer es la propia de Sevilla.
DON GASPAR	Y en el mismo es semejanza de la hermana del dotor.
TELLO	Ella le contó su amor. No es lo que te dijo chanza.
DON GASPAR	¿Mas que tienen que dar trazas, Tello, que de aquí salgamos?
TELLO	¿Adónde, si las llevamos tras nosotros como mazas? (Vanse.)

[Escena XIII]

[Sala en casa de DON ÍÑIGO.]

(Salen DOÑA JERÓNIMA, de mujer, con manto,
DOÑA ESTEFANÍA, de casa.)

DOÑA ESTEFANÍA	Quitaos el manto.
DOÑA JERÓNIMA	Naon posso; *que além de que a veros venho,* *oculações muitas tenho.*
DOÑA ESTEFANÍA	Quiéroos yo con más reposo.
DOÑA JERÓNIMA	Virei vagante outro día.

DOÑA ESTEFANÍA ¡Qué dello que os parecéis
a vuestro hermano! Tenéis
su misma fisonomía;
  ninguna diferencia hay
en los dos; quedo admirada.

DOÑA JERÓNIMA Parió-nos d'uma ventrada
ambos os dous nossa mai,
  bem que elle nasceu primeiro.

DOÑA ESTEFANÍA Es muy galán y curioso.

DOÑA JERÓNIMA ¿Quem? ¿elle? É muito mimoso,
com as damas feiticeiro,
  gabaon-lhe os homens de savio,
querem-lhe as mulheres bem,
e pica alegrete, além
d'outras graças.

DOÑA ESTEFANÍA Hace agravio
  a su salud quien no llama
dotor que entretiene y cura.
¿Es amante por ventura?
¿Tiene en esta corte dama?
  Decidme, ¿por quién se abrasa?

DOÑA JERÓNIMA Eu vó-lo direi por certo.
Seus mimos tem aquí perto.

DOÑA ESTEFANÍA ¿Aquí cerca?

DOÑA JERÓNIMA Em vossa casa.

DOÑA ESTEFANÍA   Doña Marta de Barcelos,
en casa, ¿quién puede ser?

DOÑA JERÓNIMA Anda por uma mulher
pendurado dos cabelos.

DOÑA ESTEFANÍA   ¿En casa?

DOÑA JERÓNIMA Sim; mas pergunto . . .

DOÑA ESTEFANÍA	Mujeres somos las dos: hablad claro.
DOÑA JERÓNIMA	A serdes vos ...
DOÑA ESTEFANÍA	¡Yo! ¿Estáis loca?
DOÑA JERÓNIMA	Tende punto; *naon vos acanheis taon cedo.*
DOÑA ESTEFANÍA	Yo por dotor le conozco, no más.
DOÑA JERÓNIMA	Desbajo comvosco. *Ouvi-me agora un segredo: a serdes vos sua terceira, eu vos prometo boa fé.*
DOÑA ESTEFANÍA	¿Yo su tercera?
DOÑA JERÓNIMA	Naon é *isto ser alcobeteira.*
DOÑA ESTEFANÍA	Decid.
DOÑA JERÓNIMA	Dareis-lhe um bom dia *porque lhe magoam cuidados de dous olhos orbalhados de feitiços e alegría.*
DOÑA ESTEFANÍA	¿Conózcola yo?
DOÑA JERÓNIMA	¿Pois naon?
DOÑA ESTEFANÍA	¿Y está en casa?
DOÑA JERÓNIMA	¡Cómo rima!
DOÑA ESTEFANÍA	¿Es doña Leonor, mi prima?
DOÑA JERÓNIMA	Por ella morre meu irmaon.
DOÑA ESTEFANÍA	¿Por doña Leonor? (Aparte.)

| | -¡Ay cielos!- |
| | ¿y le ama doña Leonor? |

DOÑA JERÓNIMA   É cavalleiro o doutor
dos Barbosas e Barcelos:
   bem pode . . .

DOÑA ESTEFANÍA   Malogrará
su intento.

DOÑA JERÓNIMA   Tende cuidado,
porque se ja se ham casado,
Deos vos garde de feito é.

[*Escena XIV*]

Salen QUITERIA y un PAJE. -Dichas.

QUITERIA   Senhora, ¿tendes de vir?
   PAJE   A vueseñoría llama
su padre.

DOÑA ESTEFANÍA   ¡En casa, y su dama
mi prima!

DOÑA JERÓNIMA   Por vos servir,
   falaremos outro día
de vagar, porque o doutor
ou tem de ser de Leonor,
ou de vossa senhoría.

(Vanse DOÑA JERÓNIMA, QUITERIA y el PAJE.)

[Escena XV]

DOÑA ESTEFANÍA.

DOÑA ESTEFANÍA
¿De Leonor tiene de ser,
o mío? Amor, esto sí.
Honra, lastimaos de mí.
Pues que nos dan a escoger,
más difícil es perder
la vida que no el amor.
Matóme doña Leonor:
¿qué mucho, cielos, será
que quien los pulsos le da
le dé la mano al dotor?
Si es, cual dicen, caballero,
¿qué pierdo? Mas ¿qué no gano?
Poco hay del pulso a la mano;
enferma estoy; sanar quiero.
Perdonará mi severo
padre, pues trujo a su casa
la peste que el alma abrasa,
en lugar de echarla fuera;
que si es fuego, donde quiera
que toca el amor, abrasa.

[Escena XVI]

Sale DON RODRIGO. -DOÑA ESTEFANÍA.

DON RODRIGO
Enviábaos a llamar
el embajador, señora,
y entró una visita agora,
con que os ha de dilatar
no sé si diga pesares
o contentos; ya ha venido
la dispensación que ha sido

      de mis encuentros azares;
       si bien mi esperanza piensa
      que, desconformes los dos,
      mientras no dispenséis vos,
      en balde el Papa dispensa.

DOÑA ESTEFANÍA   Pues de que dispense o no
      el Papa, ¿qué azar o encuentro
      interesáis vos?

DON RODRIGO   Soy centro
      desa pena o gusto yo.
       Quien vuestra salud gobierna,
      por los pulsos conjetura
      vuestro amor y mi ventura;
      miráisme amorosa y tierna
       desde el día en que entré a hablaros;
      rigores notificáis,
      cuando a don Gaspar miráis,
      sin permisión para hablaros;
       y como el amor no es cosa
      oculta, juzga el dotor
      que me habéis cobrado amor.

DOÑA ESTEFANÍA   ¿Quién juzga?

DON RODRIGO   El dotor Barbosa.

DOÑA ESTEFANÍA   ¿Que yo amor os he cobrado?

DON RODRIGO   Me lo jura y certifica.

DOÑA ESTEFANÍA   Si ansí en todo pronostica,
      ni es dotor, ni es acertado,
       ni fe en él tener espero.
      Nunca deis crédito a indicios
      de quien es, mudando oficios,
      dotor y casamentero;
       que en eso la cura erró.

DON RODRIGO   Señora, aunque os cause enojos,
      tal vez la lengua, y los ojos

mienten; mas los pulsos no.
Él viene, y sabrá mejor,
aunque negando fingís,
la dicha que me encubrís.
Al médico y confesor
   se ha de decir la verdad;
con él podéis descubriros,
que aquí está para serviros
mi vida.
(Vase.)

[Escena XVII]

DOÑA ESTEFANÍA.

DOÑA ESTEFANÍA   ¿Hay tal libertad?
Infaliblemente adora
el dotorcillo a mi prima,
y en fe que me desestima,
por terceros me enamora.
   ¡Ay sospechas indiscretas!
¿Vióse locura mayor?
¡Que me busque a mí un dotor
casamientos por recetas!

[Escena XVIII]

Sale DOÑA JERÓNIMA, de médico.-DOÑA ESTEFANÍA.

DOÑA JERÓNIMA   Ocupaciones forzosas,
señora, me han impedido
el tiempo hoy de visitaros;
mas no el gusto de serviros.
Esta cátedra, de un rey
autorizada, el oficio

que ya en su cámara gozo,
los parabienes de amigos,
disculpen mi dilación,
si no basta haber suplido
doña Marta mi tardanza,
por ser mi retrato mismo.
¿Cómo, mi señora, estáis?
¿Qué hay de tristezas? Alivio
prometen esas colores;
venga el pulso.

DOÑA ESTEFANÍA No le fío
de médicos licenciados
-licenciosos, dotor, digo-,
que su facultad profanan,
y donde son admitidos,
las doncellas enamoran.

DOÑA JERÓNIMA ¿Qué decís?

DOÑA ESTEFANÍA ¡Gentil aliño
de curar, descomponiendo
pulsos, del alma registros!

DOÑA JERÓNIMA Pues ¿yo . . . ?

DOÑA ESTEFANÍA Pues ¿vos? Sois un santo.
¿Escribió en sus aforismos
remedios casamenteros
vuestro Galeno?

DOÑA JERÓNIMA ¿Os han dicho
de mí que soy buscabodas?

DOÑA ESTEFANÍA No sé; pero don Rodrigo
dice que a vuestras enfermas
dais récipes de maridos.
Doña Leonor, a lo menos,
por ahorrarse del partido
que a los médicos se paga,
y previniendo peligros,
tendrá desde hoy adelante,

	si yo su elección no impido, que sí haré, dotor y esposo en una pieza.
DOÑA JERÓNIMA	Háos mentido el malicioso villano . . .
DOÑA ESTEFANÍA	Paso, dotor.
DOÑA JERÓNIMA	Mal nacido . . .
DOÑA ESTEFANÍA	Sí será: paso, dotor. no os deshonréis a vos mismo.
DOÑA JERÓNIMA	Envidias de la opinión con que estudios autorizo, llevo cátedra a ignorantes, y pulsos reales obligo, con vos me descompondrán.
DOÑA ESTEFANÍA	¿Descomponeros conmigo? Antes de puro compuesto se queja el recelo mío. Allá con doña Leonor, más alentado y festivo, descompondréis pensamientos y lograréis desatinos. Pues, dotor casamentero, desde agora os notifico que no entréis en esta casa ni aun a curar sus vecinos; sabrá mi padre quién sois, y os dirá si es permitido que a mujeres de importancia solicitéis con fingidos y hipócritas pensamientos. ¡Bueno es, habiendo salido de vísperas catedrático, que por mi prima perdido, la de *prima* pretendáis!
DOÑA JERÓNIMA	Mirad, oíd . . .

DOÑA ESTEFANÍA	Dotor, idos.
DOÑA JERÓNIMA	Señora, volved en vos.
DOÑA ESTEFANÍA	¿Que no os vais? ¿He de dar gritos? Desengañará mi padre al rey, porque esté advertido de quién entra en su palacio, y a quién su médico hizo, el riesgo en que están sus damas, la ciencia que en otros libros estudiáis, no de Galeno, sino de Marcial y Ovidio. ¿Qué aguardáis?
DOÑA JERÓNIMA	Que no deis voces. ¿Luego a todo lo que os dijo mi hermana de mí, dais fe?
DOÑA ESTEFANÍA	¿Pues no he de darla? ¿es testigo vuestra hermana apasionado? ¿Paréceos que habrá fingido engaños en daño vuestro, si participa los mismos? No os han de valer traiciones. Salid.
DOÑA JERÓNIMA	Pasito, pasito.
DOÑA ESTEFANÍA	¿Qué es pasito? (A voces.) ¡Don Gaspar, gente, pajes!
DOÑA JERÓNIMA	Paso, digo; que soy doña Marta yo.
DOÑA ESTEFANÍA	¿Quién?
DOÑA JERÓNIMA	La dotora.
DOÑA ESTEFANÍA	¡Oh qué lindo! ¡A mí mentiras de ciegos!

DOÑA JERÓNIMA	Miradine, y veréis si os finjo.
DOÑA ESTEFANÍA	Pues ¿cómo habláis castellano?
DOÑA JERÓNIMA	De mi hermano lo he aprendido.
DOÑA ESTEFANÍA	¿Y quién me asegurará desta duda?
DOÑA JERÓNIMA	El artificio con que -para daros celos, y el amor sacar en limpio que mí hermano recelaba, viéndole en vos escondido- no ha un instante que mentí Leonores que nunca ha visto, bellezas que no apetece y penas que no ha sentido. Mal pudiera yo tan presto darle por extenso aviso de lo que nos ha pasado a las dos, si aun no he tenido tiempo de llegar a casa.
DOÑA ESTEFANÍA	Decís bien. Mas ¿qué artificio, con qué traza, o en qué parte pudo en hombre convertiros tan brevemente?
DOÑA JERÓNIMA	El tener una amiga y un vestido de mi hermano en esta calle; que así industrias apercibo.
DOÑA ESTEFANÍA	Dúdolo, dotor, o Marta; dadme más ciertos indicios.
DOÑA JERÓNIMA	¿No os dije yo que o doutor *tinha aqui perto seus mimos?* *Terceira dos seus amores* *vos roguei serdes, porque isto* *naon é ser alcobeteira,*

                        o por derradeiro sino,
                        naon vos disse que á meu irmaon
                        tinha de chamar marido
                        Vossenhoría ou Leonor?

DOÑA ESTEFANÍA   Basta; es verdad, yo me rindo;
                        en fin, ¿no está enamorado
                        de mi prima?

DOÑA JERÓNIMA   Fué, este arbitrio
                        sacasecretos, señora,
                        porque estaba, os certifico,
                        despulsándose por vos,
                        Y con celos infinitos
                        de no sé qué don Gaspar,
                        vuestro amante y su enemigo.

DOÑA ESTEFANÍA   Aseguralde vos dél;
                        que ya que es fuerza el deciros
                        verdades del corazón,
                        sólo a vuestro hermano estimo.

DOÑA JERÓNIMA   Beijo-vos as maons por elle.

DOÑA ESTEFANÍA   Pero, ¿por qué a don Rodrigo
                        le dijo que yo le amaba?

DOÑA JERÓNIMA   Eso ignórolo.

DOÑA ESTEFANÍA   Aquí vino
                        necio de puro confiado,
                        ensartando desvaríos,
                        aparenciados muy bien,
                        pero muy mal recibidos.

DOÑA JERÓNIMA   Él vendrá a satisfaceros;
                        pero, según he entreoído,
                        no sé qué dispensación
                        agora de Roma vino
                        en favor de un don Gaspar,
                        que en fe de ser vuestro primo,

	dicen que, vuestro consorte, juntáis mayorazgos ricos.
DOÑA ESTEFANÍA	No juntando voluntades el cielo, cuyo dominio es superior a preceptos, ¿qué importa?
DOÑA JERÓNIMA	Pierde el juicio mi hermano por esta causa.
DOÑA ESTEFANÍA	Luego ¿lo sabe?
DOÑA JERÓNIMA	Halo visto en los ojos del dichoso, todos gozo y regocijo.
DOÑA ESTEFANÍA	Pues decilde de mi parte que si, cual pienso, averiguo la calidad que promete, por él dejará al rey mismo. Decilde que soy diamante.
DOÑA JERÓNIMA	¿No vale, más que decirlo, asegurarle primero?
DOÑA ESTEFANÍA	¿Cómo?
DOÑA JERÓNIMA	Atajando peligros, y dándoos los dos las manos.
DOÑA ESTEFANÍA	¿Luego?
DOÑA JERÓNIMA	Luego.
DOÑA ESTEFANÍA	Necesito saber primero si es noble.
DOÑA JERÓNIMA	Eso yo os lo certifico.
DOÑA ESTEFANÍA	Vos sois parte apasionada.
DOÑA JERÓNIMA	Pues mientras buscáis testigos, ganaráos la bendición doña Leonor.

DOÑA ESTEFANÍA	¿Cómo?
DOÑA JERÓNIMA	Quiso desposarse ayer con él; y agora, a lo que colijo, los dos juntos tratan dello, por prevenir descaminos.
DOÑA ESTEFANÍA	¡Ay, cielos! Pues, engañosa Circe, ¿vos no me habéis dicho que ni a Leonor apetece, ni la visita, ni ha visto?
DOÑA JERÓNIMA	Eso fué por aplacaros, y a la postre, preveniros con lo uno y con lo otro; que el dilatarlo es martirio.
DOÑA ESTEFANÍA	¿Hay semejante embeleco? ¿Mujer con tantos hechizos? ¿Hombre con tantos engaños? ¡Con Leonor! ¡Ay, celos míos! No estéis más en mi presencia. Iré, cuando no a impedirlos su loco amor, a ofenderlos, afrentarlos, perseguirlos.
DOÑA JERÓNIMA	Quedo, señora.
DOÑA ESTEFANÍA	¿Qué es quedo? ¿No os vais? Haré desatinos.
DOÑA JERÓNIMA	Quedo, que soy el dotor: ¡cuerpo de tal! no deis gritos.
DOÑA ESTEFANÍA	¿Quién sois?
DOÑA JERÓNIMA	El dotor Barbosa.
DOÑA ESTEFANÍA	¿Ya empieza otro laberinto?
DOÑA JERÓNIMA	¡Bravos sustos os he dado!

DOÑA ESTEFANÍA	Hombre en mujer embebido. acabemos de saber uno u otro.
DOÑA JERÓNIMA	Yo eso pido.
DOÑA ESTEFANÍA	¿Quién eres?
DOÑA JERÓNIMA	Vuestro dotor, que dos veces os visito, una en nombre de mi hermana, y otra agora en nombre mío; como mujer la primera, y ésta en traje masculino.
DOÑA ESTEFANÍA	Luego ¿no fué doña Marta la que estuvo antes conmigo?
DOÑA JERÓNIMA	No, mi señora, su traje solo en mí sostituído, mi poca barba y edad, el fuego en que me derrito, la dispensación severa, los celos siempre atrevidos, en mujer me transformaron. *Naon vos acanheis sol minho, meus olhos, meu coraçaon, minha gloria, meu feitiço, mana minha, cravo d'ouro; eu sou vosso rapazinho. Satis sit, crucior pro te usque ad animi deliquium.* A requiebros castellanos, portugueses y latinos, ¿qué desdén será bastante a enojarse y resistirlos? Venga esa mano, y quedemos

(Tómala.)

	en paz, casados y unidos, *como os pombo rulhadores acostumam, em seus ninhos.* ¿Dáismela?
DOÑA ESTEFANÍA	Vos la tomáis.
DOÑA JERÓNIMA	¿Como esposo?
DOÑA ESTEFANÍA	No sé.
DOÑA JERÓNIMA	Insisto en esto, o enojaréme. ¿Como esposo? Decid.
DOÑA ESTEFANÍA	Digo que sí.
DOÑA JERÓNIMA	¿Que sí? Eu a beijo. (Bésasela.) *Embuçando meus focinhos, (e sentindo mais amor do que amantes tem sentido), desde Píram até Paris, desde Adonis té Narciso.*

[Escena XIX]

Salen DON GASPAR y DON RODRIGO. -Dichas.

DON GASPAR	(Aparte a DON RODRIGO al salir.) No reñiremos por eso, si el dotor verdad ha dicho; mas dúdolo, que es su amante.
DOÑA JERÓNIMA	Pues, don Gaspar, don Rodrigo, ¿qué es esto?
DON RODRIGO	Una competencia.

DON GASPAR	En eso yo no compito. Doña Estefanía tiene poco gusto, aunque la sirvo, en ser mi esposa.
DOÑA ESTEFANÍA	Es verdad; que casamientos con primos, o se logran siempre poco, o no se alegran con hijos.
DON GASPAR	Yo pretendo a doña Marta.
DOÑA JERÓNIMA	Yo por su esposo os admito; mas ha de ser hoy la boda.
DON GASPAR	Eso es lo que yo os suplico. Llamalda.
DOÑA JERÓNIMA	Escuchad aparte. (Apártale.) ¿Queréis casaros conmigo?
DON GASPAR	¡Jesús, dotor! ¿Estáis loco?
DOÑA JERÓNIMA	No juzguéis por los vestidos la persora. Doña Marta soy.
DON GASPAR	¿Qué decís?
DOÑA JERÓNIMA	He querido con esta transformación asegurar el partido del dotor mi hermano.
DON GASPAR	¿Cómo?
DOÑA JERÓNIMA	Tiene muchos requisitos; dejaldos para después. Ya sabéis, como os lo he escrito. lo que os quiero, y la palabra que me habéis dado.

DON GASPAR	Imagino que de mí os estáis burlando.
DOÑA JERÓNIMA	¿Es porque mudo de estilo, y no os hablo en portugués? *Pois catai os olhos -minhos,* *que ontem vistes um a um,* *a boca, os dentes, e o riso.*
DON GASPAR	Basta, entregadme esa mano.
DOÑA JERÓNIMA	(Dásela.) *Esta foi a que perdido* *vos teve a volta primeira.*
DON GASPAR	Es la verdad.
DOÑA JERÓNIMA	Dom Rodrigo, *chegai a ser testemunha* *de que é Dam Gaspar marido* *de Dona Marta.*
DON RODRIGO	Serélo.
DOÑA ESTEFANÍA	Yo y todo, y si os apadrino, me tendré por venturosa. Gocéisos alegres siglos.
DOÑA JERÓNIMA	(A DON RODRIGO.) *Isto é feito. Agora vos,* *cavalleiro, agradecido;* *dai a maon a vossa dama.*
DOÑA ESTEFANÍA	¿A mí?
DOÑA JERÓNIMA	(Aparte a ella.) *Facei o que pido;* *zombaremos delle um pouco.*
DOÑA ESTEFANÍA	Ya vos ¿no sois dueño mío? ¿No sois mi esposo?
DOÑA JERÓNIMA	Por eso; que pues no corre peligro

                nuestra boda, quiero yo
                que la alegren regocijos.

DOÑA ESTEFANÍA (Dando la mano a DON RODRIGO.)
Por el dotor os la entrego.

DON RODRIGO Conjeturo por indicios
verdades: débole mucho:
¡qué venturoso que he sido!

[Escena XX]

Salen DON ÍÑIGO, QUITERIA, DON MARTÍN,
TELLO. -Dichos.

QUITERIA Donde el honor se atraviesa,
es traición el encubrirlo.
Vuexcelencia lo remedie.

DON ÍÑIGO Dotor, mirad si ha perdido
el juicio esta mujer,
y curalda.

QUITERIA Lo que afirmo
es la verdad pura y clara.

TELLO ¡Qué buena era para vino!

DOÑA JERÓNIMA ¡Martinha!

QUITERIA Ya se acabaron
las Martinas y Martinos.
Tu hermano murió en Pamplona
deshojando francos lirios,
y su mayorazgo heredas;
tus deudos y sus amigos
en Sevilla te echan menos,
y últimamente han sabido
que asistes en esta corte.
En busca tuya tu tío

	viene, extrañando disfraces, y está ya en casa.
DOÑA JERÓNIMA	Prodigios de amor disculpen finezas. Don Gonzalo, hermano mío, murió por su Rey y patria: a Don Gaspar he querido desde que fué huésped nuestro; él solo médico me hizo, y él, en fin, es hoy mi esposo.
DON ÍÑIGO	Luego ¿sois mujer?
DOÑA JERÓNIMA	He sido quien a la naturaleza con mi industria he contradicho.
DOÑA ESTEFANÍA	Luego ¿no tenéis hermana?
DOÑA JERÓNIMA	El amor la ha convertido a ella y el dotor Barbosa en un cuerpo.
DOÑA ESTEFANÍA	¿Hay desatino semejante?
DOÑA JERÓNIMA	Don Gaspar es mi esposo, merecido a precio de estudios tantos, tanto disfraz y suspiro.
DON GASPAR	Yo me tengo por dichoso.
DON RODRIGO	Merezca, pues, Don Rodrigo suceder en esta plaza a Don Gaspar.
DON ÍÑIGO	Deudo mío sois también: si viene en ello mi hija . . .
DOÑA ESTEFANÍA	Tu gusto sigo,

	siquiera porque el Barbosa, de dotor, fuá su padrino.
TELLO	Pues, Martiña …
QUITERIA	Dí Quiteria.
TELLO	Quiteria, para el domingo, porque hoy todos no se casen, delante el cura te cito.
DON ÍÑIGO	¡Jesús!; admirado voy.
DOÑA JERÓNIMA	Amor médico me hizo, y el *Amor médico* es éste: si os agrada, decid ¡vítor!

BIBLIOBAZAAR

The essential book market!

Did you know that you can get any of our titles in large print?

Did you know that we have an ever-growing collection of books in many languages?

**Order online:
www.bibliobazaar.com**

Find all of your favorite classic books!

Stay up to date with the latest government reports!

At BiblioBazaar, we aim to make knowledge more accessible by making thousands of titles available to you- *quickly and affordably*.

Contact us:
BiblioBazaar
PO Box 21206
Charleston, SC 29413

Printed in the United States
139597LV00001B/65/P